LES LIMBES:

POÉSIES INTIMES

DE

GEORGES DURAND

RECUEILLIES ET PUBLIÉES

PAR SON AMI

TH. VÉRON.

POITIERS,

IMPRIMERIE DE N. BERNARD, RUE DE LA MAIRIE.

1852.

POÉSIES INTIMES

DE

GEORGES DURAND.

LES LIMBES.

—

POÉSIES INTIMES

DE

GEORGES DURAND

RECUEILLIES ET PUBLIÉES

PAR SON AMI

TH. VÉRON.

POITIERS,

IMPRIMERIE DE N. BERNARD, RUE DE LA MAIRIE.

—

1852.

DERNIÈRE VOLONTÉ DE GEORGES DURAND.

—

Le 25 du mois dernier, le lecteur eût pu voir sortir de l'annexe de l'Hôtel-Dieu et se diriger vers le cimetière du Père-Lachaise, un modeste corbillard suivi seulement d'un élève de l'école polytechnique, d'un artiste et d'un étudiant en médecine interne de l'hôpital. Nous accompagnions tous les trois à sa dernière demeure notre pauvre ami que nous étions parvenus à arracher au scalpel de Clamart.

Victime de sa vocation, Georges Durand luttait depuis longtemps contre la misère, et, loin de couver dans son cœur magnanime haine ou vengeance contre l'ordre social barbare du laisser-faire, et du chacun chez soi, chacun pour soi, Georges ne s'en prenait qu'à lui-même de sa douloureuse situation.

— « Je n'ai que ce que je mérite après tout (me di-
» sait-il à l'hospice où j'allais le voir fréquemment).
» Si j'avais su prendre un bon état, j'eusse gagné ma
» vie et fait des vers ou des tableaux à mon heure, à

» mes veilles, ou mes jours libres ; en un mot, j'eusse
» attendu la veine dorée ! »

— « Pourquoi ne prends-tu pas cette énergique ré-
» solution?—Crois-moi, lui dis-je un jour, abandonne
» l'élégie, ne te brûle pas plus longtemps, ne va pas
» faire comme Moreau ou Lantara !... »

— « Je pressens trop, me répondit-il alors, que ma
» fin ne sera pas meilleure ; mais, hélas ! elle sera
» moins glorieuse. Le châtiment approche... Pour-
» quoi ai-je abandonné mes chers père et mère?
» N'eussé-je pas mieux fait de rester près d'eux et de
» travailler pour embellir leurs vieux jours, que d'es-
» pérer réaliser des rêves ambitieux de gloire et de for-
» tune ? »

— « Allons, encore du drame, de la folie ; tu ne
» t'en guériras donc jamais, mon pauvre Georges?
» Écoute-moi bien : tu vas regagner la santé ; dès ta
» convalescence tu mets le pied en wagon, et tu re-
» tournes au pays. — En attendant, je vais aux
» Beaux-Arts où tu reviendras prendre ta place, quand
» tu auras recouvré des forces sous le ciel natal. »

Notre ami B....... ne m'avait pas rassuré : « La
phthisie est arrivée à son dernier période, et si le
temps change, me dit-il, nous aurons le malheur de
le perdre. »

Après la séance des Beaux-Arts, je me hâtai de
revenir à l'annexe que j'avais été bien mal inspiré de
quitter le matin, car, en mon absence, la tempéra-
ture avait changé. Au temps sec avait succédé une
pluie fine, et, selon la fatale prédiction du docteur
B....., confirmée par le médecin en chef, la phthisie
prit un caractère désespérant, les vésicules du poumon

s'obstruèrent et ne purent recevoir l'air indispensable à la vie.

Quand j'accourus au dortoir, mon cœur se crispa à l'aspect de deux cierges allumés qui brûlaient près du n° 17. B...... me retint en me disant : — « Prenez courage, j'ai une triste nouvelle à vous annoncer; notre ami vient de s'éteindre en prononçant le nom de sa mère. J'allais lui fermer les yeux qui se voilaient pendant le râle, lorsqu'il les a levés au ciel avec un dernier effort et m'a remis ce manuscrit pour vous en murmurant ces mots entre-coupés : Liberté, Patrie, Dieu !... »

J'approchai du lit funèbre; deux sœurs de charité priaient. B...... eut beau me retenir, j'écartai les rideaux, découvris le drap mortuaire, et baisai le front glacé de mon ami, que j'arrosai de larmes amères.

Dans la soirée, le corps fut transporté à la salle des morts; j'eus la douleur de le voir étendu sur une dalle de marbre, au milieu de plusieurs cadavres que des élèves disséquaient. Je frissonnai, en songeant qu'un pareil sort menaçait les restes de Georges; mais B...... me promit qu'on les respecterait.

J'obtins du directeur de l'annexe la permission de peindre ses traits déjà défigurés. B...... vint veiller avec moi auprès de ces restes chéris. Le lendemain, le directeur, ne pouvant enfreindre l'ordre supérieur de l'administration, envoya à Clamart tous les cadavres de la veille. A cette nouvelle, je tremblai qu'à cet amphithéâtre le corps de Georges ne devînt sujet de dissection. Sans perdre courage, je courus à Clamart et pus arriver auprès du directeur, qui s'émut aux réclamations de l'amitié; il leur fit droit, car il s'empressa de renvoyer à l'annexe de l'Hôtel-Dieu le corps de mon pauvre ami. Là, P., D., B. et moi nous lui fîmes dire une messe, et nous fîmes ses obsèques.

Quand le prêtre eut fini la prière des morts et jeté la pelletée de terre en chantant le *Requiescat in pace*, nous déposâmes quelques couronnes d'immortelles sur une simple croix de bois noir, sur laquelle j'avais peint cette inscription : « Ci-gît Georges Durand, décédé à 30 ans !... » Du haut du Père-Lachaise, en quittant la fosse commune, mes amis et moi nous nous trouvâmes à travers les monuments de l'orgueil, et de là, en voyant fumer et en entendant bourdonner la grande cité, nous ne pûmes retenir une larme de regret amer, une imprécation contre l'indifférence sociale envers ses enfants les mieux organisés. — Ah ! si Georges eût vécu, pensâmes-nous, il n'eût pas manqué de conquérir là-bas une place glorieuse !... et nous regagnâmes avec tristesse nos demeures respectives. J'envoyai à sa famille les effets du pauvre défunt avec le portrait que j'avais fait dans des conditions si déplorables.

J'ouvris le manuscrit que m'avait légué Georges, et je lus cette suscription, ou plutôt cette dernière volonté, dépôt sacré d'un mourant :

« Mon cher V....,

» A toi, mon camarade d'atelier, mon frère de » palette, à toi, ces essais de poésie intime que j'ai » chantés dans l'adversité. Fais ce que bon te sem- » blera de ces faibles rimes composées souvent dans » les larmes; ce sont les pages déchirées de ma pau- » vre existence... Que ne puis-je la prolonger ! je

» chasserais la plainte, l'élégie intime, pour n'adorer
» que la liberté, la patrie, la République et Dieu!
» Mais, puisque ma pauvre carrière est brisée, je te
» confie ces pages égarées, incohérentes. Vois si tu
» peux tresser avec ces fleurs mortes quelque modeste
» couronne pour mes chers père et mère. Au revoir,
» ami, dans l'autre monde où nous serons plus heu-
» reux.....

» Pense quelquefois à ton pauvre Georges qui va
» rejoindre ses immortels amis, Malfilâtre, Chatter-
» ton, Gilbert, Escousse et Moreau.

> » GEORGES DURAND.

» 23 septembre 1851. »

J'ai longtemps hésité à publier les vers que l'on va
lire; mais si, d'un côté, je craignais de mettre au jour
des élégies intimes, d'un autre côté, ma conscience a
levé tout scrupule de pudeur en relisant la volonté suprême du poète. — Voici donc ces premiers soupirs
qui viennent de vibrer sur les cordes d'un jeune cœur
malheureux. — L'amour, la fraternité, la patrie auraient inspiré cette plume naissante qui cherchait sa
voie et que la révolution de Février avait déjà émanci-
pée. — Puisse sa mémoire vous inspirer des regrets
et vous faire jeter quelques immortelles sur le tombeau
d'un poète mort à la fleur de l'âge !

TH. VÉRON.

POÉSIES INTIMES

DE

GEORGES DURAND.

LES LIMBES.

Vieux maître Gibelin , Dante que l'on révère ,
Je viens fouiller aux plis de ton masque sévère,
Interroger tes yeux, au regard si profond,
Qu'ils ont pu mesurer des abîmes sans fond.
Ah ! je voudrais surprendre à ta lèvre plissée
Un souris bienveillant à mon âme blessée !
J'invoque ton grand cœur , pèlerin de l'Enfer :
— « Oh ! verse dans ma plume un courage de fer ,
» Fais darder les rayons de divine Lucie ,
» Pour éclairer les pas de ma démocratie ,
» Et pour les diriger dans des sentiers plus sûrs ,
» Si je n'ai Béatrix en mes Limbes obscurs ,
» Allume le flambeau de la dame (1) gentille ,
» Qui doit du genre humain agrandir la famille ,
» Souffle sur mes vingt ans ardents de puberté
» L'amour, le feu sacré, la sainte liberté ! »

Paris, 1840.

(1) La liberté.

LA FOSSE AU PAGE.

BALLADE.

Au bord du Clain, sur la prairie,
Assis à l'ombre d'un bouleau,
Sylvain troublé dit à Marie :
« Vois-tu, vois-tu tournoyer l'eau?
» Écoute donc bien une histoire
» Que je ne conte pas en vain...
» Je la confie à ta mémoire
» Tu te souviendras de Sylvain. »

Car, si demain dans le village,
On ne voit pas à mon chapeau
Le ruban bleu de ton corsage,
J'imiterai Loïs le page,
Et descendrai dans son tombeau.

Loïs avait seize ans, ma chère,
Un large front, des cheveux noirs ;
Quand il soulevait sa paupière,
Ses yeux bleus étaient deux miroirs.
— Or, il advint qu'un jour, leur flamme
D'un rayon pénétra le cœur
De blonde Isaure la grand'dame,
La châtelaine du seigneur.
　　Ah ! si demain, etc.

— Enfant de rien, songer à plaire,
Me diras-tu, quoi l'osa-t-il?

Il devait craindre la colère
Du haut comte de Béatil.
Pourtant, hélas! l'imprudent page
Aux pieds d'Isaure fut surpris :
Soudain, au château grand tapage,
Vite, on dresse le pont-levis.
    Ah! si demain, etc.

— Holà, vassaux, que l'on attèle
« Quatre chevaux rongeant leurs mors,
» Qu'on l'attache, et qu'on l'écartèle ..
« — Vouez le traître à mille morts...
» Varlets, piqueux, sonnez la trompe,
» Fermez l'huis à triple tour,
» Liez l'infâme qui me trompe...
» Et qu'on l'enferme dans la tour. »
    Ah! si demain, etc.

Mais le jour baisse et devient terne;
Sur le manoir descend la nuit...
Loïs, Isaure à la poterne
Vont tirer les verrous sans bruit.
Puis, ils s'échappent dans la plaine,
Le sein palpitant de frayeur.
Page amoureux et châtelaine
Se serrent cœur contre cœur.
    Ah! si demain, etc.

Sur le gazon à cette place,
Après maint tour et maint détour,
Isaure choit, Loïs l'enlace,
Lui dit gentil propos d'amour.

. . . .

« Quel bruit, dit-elle, est-ce l'orage?
» Me sens, hélas! frémir encor,
» Loïs, Loïs, ô mon beau page,
» N'entends-tu pas le son du cor? »
Ah! si demain, etc.

« Ciel! ô mon Dieu! la meute arrive,
» Tous les limiers sont sur nos pas...
» las! je suis plus morte que vive.
» Loïs, ne m'abandonne pas...

. . . .

— » Jamais, jamais, ô châtelaine,
» Mourir ensemble est bien plus doux
» Que d'assouvir vengeance et haine
» Du tyran cruel et jaloux!... »
Ah! si demain, etc.

« Du courage, féale dame!
» Enchaîne-moi de tes beaux bras...
» — Le comte vient; mais, sur mon âme,
» Partout, partout tu me suivras... »

. . . .

Dans leur délire au fond de l'onde
Ils s'engloutissent enlacés
Et, brun Loïs, Isaure blonde
Ne sont plus que deux corps glacés.

Et l'on m'a dit dans le village,
Que chaque nuit au bord de l'eau,
Une fée au pâle visage,
Jette des fleurs sur leur tombeau.

— « Et toi, Marie, à ma prière,
» Ne veux-tu répondre en ce jour? »
— Ah! j'ai donné mon cœur à Pierre,
Sylvain, pardonne à mon amour. »

. . . .

— Cruelle, adieu! ton mariage
Sera troublé comme cette eau,
Je vais trouver Loïs, le page....
Il dit, et plonge en son tombeau.

. . . .

On dit depuis dans le village,
Qu'on voit errer au bord de l'eau,
Pauvre Marie au fou langage,
Car elle crie : « Avec le page,
Sylvain m'attend dans son tombeau! »

. . . .

Ligugé, 1852.

SUR LE TOMBEAU DE NOTRE AMI BURLEY.

Frères, encore un frère à nos cœurs enlevé!
— Pauvre enfant! comme nous n'avais-tu pas rêvé?
L'avenir souriant de ses lèvres de rose,
Te chantait le bonheur. Hier, tu dis encor :
— « Pour moi, fleuve d'espoir, roule tes sables d'or

Et bel ange endormi, sur ta paupière close
Ta mère déposa le doux baiser du soir.
O mère infortunée! au matin ne plus voir
Le fils qu'elle aimait tant ! son amour, sa tendresse,
Et qui la ravissait d'une orgueilleuse ivresse,
Car ce fils notre ami, de ses jeunes pinceaux,
Lauréat de vingt ans, mérita des rameaux.
Il eut pu surpasser nos grands maîtres d'histoire
Qui font sonner si haut l'éclat de leur victoire,
Et nous pouvons le dire ici tous, le front haut,
Mais du verbe imposant qu'on dit sur un tombeau;
Disons sans amertume aux rois de la peinture :
— Leur palette toujours est-elle vierge pure?
Ne font-ils pas couler quelques tons de métal?
Du veau d'or n'ont-ils pas baisé le piédestal?
Si, vivant, ils l'avaient protégé, notre frère,
Le verrions-nous ici sous ces trois pieds de terre.
Mais, c'est le sort commun à tout jeune talent :
Délaissé, sans secours, il marche vacillant,
Trébuche dans la fosse où notre ami repose;
Et, puisque nous faisons ici l'apothéose,
Scellons sur son sépulcre un auguste serment :
Frères, entendons-nous, le cas en est urgent.
En ce siècle égoïste ayons foi dans nos âmes,
Allumons dans nos cœurs les plus chrétiennes flammes.
Élevons un autel à la fraternité !...

.   .   .   .

Songez tous qu'à présent à l'immortalité
Son âme est envolée, et sur la froide bière,
Jetons en nous signant une pieuse terre.

Au cimetière Mont-Parnasse. Paris, 1841.

FLEUR ANIMÉE.

A GRANVILLE.

Granville, es-tu bien mort et dans ta froide tombe
  Délivré du sombre malheur,
Sens-tu la goutte d'eau qui ruissèle et qui tombe
  Sur le berceau de chaque fleur?
O toi! qui les créas ces filles bien-aimées,
  Peux-tu voir briller en ce jour
La plus pudique sœur de tes fleurs animées,
  La rose enivrante d'amour?
Cette rose, vois-tu, c'est une jeune femme
  Au visage à fraîches couleurs,
En l'admirant on l'aime et l'on sent en son âme
  Naître de suaves odeurs.
— Et toi, si tu pouvais, ô grand peintre fidèle,
  Ressusciter du noir tombeau,
Cette beauté serait un ravissant modèle,
  Et naîtrait fleur sous ton pinceau.

Ligugé, 1852.

A MADAME S.

LE POÈTE ET L'OISEAU.

Savez-vous l'avenir que le sort élabore
Pour le petit oiseau dont la dernière aurore,
Encor près de sa mère au fond du nid mousseux,
Entendait gazouiller l'élève gracieux;
Qui, voyant son corset s'orner de plume blanche,
Oublieux et coquet du nid vole à la branche,

Voltige et veut gravir l'arbre au faîte envié ?
— Il sautille, il sautille, il y pose le pié,
Puis, la brise agitant la feuille verdoyante,
Becquetant son beau col, il se prélasse et chante.

    — « Viens à ma voix, lui dit la mère,
    » Demeure au bois près de ton frère.
    » Pour vous élever tous les deux,
    » Est-il ici-bas quand même
    » Autre mère qui vous aime
    » Et vous rende plus heureux ? »
    — Mais, le petit infidèle
Désobéissant, rebelle
Et surtout, trop curieux,
Sur la tige se balance
En poursuivant sa romance :

      Le soleil
      Est vermeil,
      Il ruisselle
      Or et feu,
      Sur mon aile
      Au ton bleu,
      Et ma plume
      Qui s'allume
      Veut voler.
      — Pourquoi, mère,
      Près mon frère
      M'appeler ?
      Du nuage
      J'ai plumage
      Envieux.
      Fi la sphère
      De la terre !

— Vite aux cieux!!

. . . .

Et l'imprudent qui s'envole
De cette voix qui console
N'entendra jamais le son.
— Et, peut-être, son voyage
Finira dans une cage
Où pleurera sa chanson.
Ainsi, toujours le poète
Loin des siens pleure et regrette
Le chaud baiser maternel.
L'avide exilé veut boire
A la coupe de la gloire
Pour lui, supplice éternel.
— Mais, ayons, ô Providence!
Foi dans ta juste clémence
Pour l'homme, faible roseau,
Tu sauveras des orages
Ces deux papillons volages
Et le poète et l'oiseau...

LE LAC.

A MON AMI R......

I.

Ami, ton lac est pur,
Et de ma rame agile

J'en veux fendre l'azur ;
Dans ma barque fragile,
Je raserai souvent,
Près du riant rivage,
Des roseaux, des joncs verts,
Le frémissant feuillage,
Mêlant au chant du vent
Mes amoureux concerts.
Si mon esquif s'amarre
Sous ton saule pleureur,
Le son de ma guitare
Sera mon précurseur.
— Va, sors de ta retraite
Où la mousse en tapis,
Le thym, la pâquerette
Étalent leurs rubis.
Asseyons-nous à l'ombre
Du feuillage en rameau,
Qui verse teinte sombre
Sur le miroir de l'eau ;
Soit au beau crépuscule,
Se mirant dans les flots,
Lorsque la renoncule
Pleure avec les pavots ;
Soit sous la lune blanche,
Au rond disque d'argent,
Quand l'étoile se penche
Au bord du firmament.
— Recueillons bien notre âme,
Rêvons, ami, pensons ;
Épanchons notre flamme
En harmonieux sons.

II.

Ami, ce lac est une image,
Une image de ton bon cœur ;
Et j'irai parfois sur sa plage
Respirer sa douce senteur.
— Et surtout, ma faible figure
A voulu dire que ta foi
Est une onde où l'âme s'épure,
Oh ! plonge la mienne avec toi.

Paris, 1840.

LA PARISIENNE.

Difficile est le portrait,
Mon luth nacré, jeune encore,
Pour en chanter tout l'attrait
D'une corde très-sonore,
Méprisant tout air connu,
Colomb de la mélodie
Veut être premier venu
Dans un monde d'harmonie.

Allons, vite mon pinceau !
Mais, dans ma main trop débile,
Il tremble comme un roseau,
Tant mon œuvre est difficile.

Vous, Vierges de Raphaël,
Par qui sourit Fornarine,
D'une lèvre purpurine
A son amant immortel ;
De votre rivale blonde ,
Jalouses, d'un air moqueur
Votre joue est pudibonde,
Et se farde de rougeur.
Et, prudes dans votre envie
Vous lui dites tous les jours :

LES VIERGES.

« Va, petite , dans ta vie,
» Tu n'auras pas nos amours !...
» Si, Sanzio , l'œil limpide ,
» S'était abaissé vers toi,
» Crois-tu qu'un poison rapide
» T'eût laissée à notre roi ? »

Allons , faites les jalouses ,
Et narguez-la bien longtemps,
La plus jeune des épouses,
Mais la reine des amants.

Et , la rivale coquette ,
En peignant vos yeux jaloux ,
A chaque instant vous répète :

L'ARTISTE.

« Et que fait mon époux ?
» Allez, l'or forme ma chaîne ,
» Très-légère en ses anneaux ,
» Et, quand je veux, elle entraîne

» Les jeunes cœurs, mes vassaux.
» Quand rayonne ma prunelle
» Vers moi volent mes amants,
» J'ai pour eux de l'hirondelle
» Les colliers les plus charmants.
» J'ai mon beau ramier fidèle;
» Dans son bec, je bois le miel,
» Quand, tous deux, à tire-d'aile,
» Nous nous envolons au ciel...
» Sans être une Capitane,
» Moi, j'ai mes tissus moirés,
» Je me ris de la Sultane;
» N'ai-je pas mes bains ambrés?
» Jamais œil perçant d'Heyduque
» N'a dévoré mes appas;
» Ni le poignard de l'eunuque
» N'a troublé mes doux ébats.
» Mon pied nargue la Chinoise...
» Mon œil rit de grecque Iris;
» De la perle et la Turquoise
» Mes cheveux ont le souris.
» Fleur d'amour, de ma corolle
» S'exhalent fraîches odeurs;
» Toute âme de moi raffole;
» J'ai pour sujets tous les cœurs. »

LES VIERGES.

« Qui donc es-tu, jeune femme?
» Que ne verra Sanzio;
» Au moins, as-tu la belle âme
» D'une blonde de Chio?

> » N'es-tu pas de l'Aonie ?
> » Ou de la frêle Délos ?
> » Ou de la blanche Albanie ?
> » Ou de la pure Lesbos ?

> » Peut-être es-tu Milanaise ?
> » Naquis-tu de l'Orient ?
> » As-tu la froideur Anglaise ?
> » Es-tu fille d'Occident ?
> » Le teint brun de l'Espagnole
> » N'a jamais bistré ta peau ,
> » Ni le luisant de Créole
> » Qui reflète comme l'eau.

> » Si tu n'es pas Japonaise ,
> » Ni la fille des Hindous ,
> » Dis : Peut-être es-tu Française ,
> » Mais, petite, réponds-nous ? »

LA PARISIENNE.

« Eh bien! je suis Syrienne. »

LES VIERGES.

« Tu mens, ton sourcil est blond. »

LA PARISIENNE.

« Là... vrai... je suis Parisienne. »

LES VIERGES.

« Mes sœurs, voyez le démon ! »

                                   Au Louvre, 1840.

A MADAME A....

APRÈS LA 1re REPRÉSENTATION DE UNE ANNÉE A PARIS.

Oh ! vous comprenez bien ce siècle où tout se joue
    En un an, en un jour !
Où l'homme fort attend sans se flétrir la joue,
    Fortune, gloire, amour.
Heureux, encor heureux, en son pèlerinage,
    S'il ne tombe abattu ,
S'il triomphe pour prix de son noble courage ,
    De sa mâle vertu.
— Son front peut resplendir de la triple auréole,
    Heureux, riche et vainqueur;
— Mais il doit à la foule inquiète et frivole
    L'étoile de son cœur.
Astre de ses travaux, poésie ou science
    Qu'il éclaire en tout lieu
Et, savant ou poète, au fond sa conscience
    S'élancera vers Dieu !

REMORDS.

Bourrelé de remords , toujours mon égoïsme
Rapetisse mon être à mes yeux mis à nu ,

Ma foi, ferme naguère, au cruel mysticisme
A fait place à présent, j'ignore la vertu.
— La vertu ! Bonne mère, à mon âme encor neuve
Tu l'avais inculquée, et ton jeune arbrisseau
Germait enté sur toi, baigné du même fleuve
Qui reflétait poli, l'amour de nos rameaux.
— Mais, ô honte ! L'enfant qu'un vain désir exile,
Cet enfant a perdu son vivre insouciant,
Le souffle des cités en son cœur annihile
Toute chaste pensée et tout saint dévoûment.
— Comme on change à Paris, en une seule année !
— Chaste fleur de province, aimez le ciel natal;
Transplantée à Paris, vous y seriez fanée
O poète ! craignez le funèbre hôpital !

Paris, 1840.

LE POÈTE QUI A FAIM.

Que pleurer fait de bien !
Quand l'affreuse misère
Vous chante : tu n'as rien !
— Lorsqu'on songe à sa mère
Exauçant tous vos vœux;
— Ange de prévenance,
Alors qu'à votre enfance
Rayonnaient ses doux yeux.
Heureuse tête blonde
Échappée au berceau,
Pour vous bonheur abonde

Vous semblez un oiseau.
— Mais loin du nid adieu la fête,
Le malheur plane sur ta tête ;
Toujours battu par la tempête,
Pleure Alcyon sur ton écueil.
— L'enfant grandit, devient poète
Et chante... mais.. sur un cercueil ! !
— Heureuse ! aussi, la créature
A qui la divine nature
Étala sa riche parure
Et donna la simplicité...
— Pour lui, la vie est toujours pure,
Il est riche de pauvreté.
De Philémon, l'image,
Éloigné du fracas,
Dans un riant village
Il n'a point de tracas.
— Sa Baucis complaisante
Embaume ses longs jours.
Le doux ruisseau qui coule,
Le ramier qui roucoule
Ses plaintives amours,
Sous le ciel de sa vie
Sont les seuls habitants :
O sage ! que j'envie
Tes fortunés instants ! !

Janvier 1840.

A UN POÈTE.

Ami, vous comprenez la mission sacrée
Du poète, ici-bas, que la divine main
Choisit et marque au front de l'étoile azurée,
Pour éclairer les pas du pauvre genre humain.

———————

LES LIMBES.

Avant de parcourir les cercles des damnés,
Alighieri nous montre aux limbes condamnés
Les âmes, les esprits des êtres sans baptême.

. . . .

Ils attendent toujours la volonté suprême
Pour les tirer de l'ombre et de l'air nébuleux
Qui les fait grelotter, pauvres membres frileux.

. . . .

— Ainsi, mes faibles vers, enfants nés de la veille,
Vous attendez qu'un jour une voix vous réveille
Du sommeil du néant, et dissipe la nuit
Dont l'aile noire encor plane sur vous sans bruit.
Vous désirez aussi que la main d'un prophète
Baptise votre père, et le sacre poète.

Paris, 1842.

———————

A FRÉDÉRIC L.,

SUR UN PORTRAIT D'ACTRICE.

Quand je vois ce portrait au sourire enchanteur,
J'aime ces traits heureux exprimant la douceur,
Ces yeux pleins de langueur, cette bouche ravie
Où la jeunesse encor fait palpiter la vie ;
Et, quand je vois ce col inspiré de Vénus,
Ces seins luxuriants, type des plus beaux nus,
Je m'écrie, en voyant ton ébauche fidèle :
Heureux, trois fois heureux ! ce ravissant modèle
Doit mettre de la flamme au cœur de ton pinceau,
Et renaître vivant en magique tableau.

A UN PETIT ANGE.

Petit ange, merci ! tu plantes dans nos cœurs
Deux fleurs qui répandront de suaves odeurs.
— Car, l'amour, l'amitié, ces deux soleils de flamme,
Vont remplir notre vie et briller dans notre âme.

A Mlles V. ET L. G.

A vous, à vous aussi, mon encens et mes vers,
Jeunes filles de cœur, et de talents divers.

— Pour vous, ma bayadère à la jambe enfantine,
Terpsichore dira : courage, Laurentine !
Et, quant à vous, Victoire, ange de pureté,
Vous avez deux trésors : la vertu, la bonté !

A DES NONNES.

Pourquoi d'un long supplice épuisez-vous la lie ;
Pourquoi vous enfermer dans des cercueils de fer ?
— Nonnes, je viens briser la chaîne qui vous lie,
Vous offrir le rameau des anges de l'enfer.
     Lorsqu'à minuit dans l'ombre
     Sonnera le beffroi,
     Descendez sans effroi
     Dans le royaume sombre :
     — Le diable sera roi.

                     30 mai 1848.

A ARIEL.

— Ariel, vous le savez, je ne suis point flatteur,
Non. La franchise coule en flot pur de mon cœur;
— Eh bien ! je vous dirai : Beau roi des fantaisies,
Cher Ariel, ô merci ! puisqu'en vos poésies,

Comme aux sentiers fleuris j'ai humé pour longtemps
La plus suave odeur, arôme de printemps,
Que pourrait exhaler le plus chaste pétale
D'une rose de mai, si pudique vestale.
— Aussi, vous sourirez, n'est-ce pas Ariel?
Si parfois, butinant tous les sucs de mon miel,
En dirigeant l'essaim de mes sœurs, les abeilles,
Ma trompe va puiser aux fleurs de vos corbeilles.
Si vos ailes à vous, sous des climats rêveurs,
Ont embaumé leur vol aux germaniques fleurs,
Et viennent secouer leur gaze diaprée
Pour répandre sur nous une poudre dorée,
Bon Ariel, oh! merci! j'espère aux bords du Rhin
Aller et revenir chargé d'un frais butin.

28 décembre 1841.

A MON AMI R...

Pour ce cloaque infect et de boue et d'ordure,
« Je disais : L'amitié n'est-elle pas trop pure?
» Croire aux beaux sentiments quand tout vous a déçu,
» Au lieu de vérité quand le masque est reçu.
» — Y croire? Non. — Pourtant, il devrait être encore
» Des diamants cachés qu'un chaud soleil colore. »
Je ne me trompais pas; car, j'ai su découvrir
Une âme toujours vierge et qui ne peut mourir;
C'est l'âme d'un bon fils, le soutien de sa mère,

Pilote de famille , à la fois père et frère.
Quand je lui vis donner un baiser à sa sœur ,
La voix de l'amitié me chanta dans le cœur.

Paris , juin 1840.

A THÉODORE M.

A L'HOSPICE SAINT-ANTOINE.

— Ami , courage ! à ce début fatal ,
Plantez au cœur la force magnanime ;
Rappelez-vous votre grand homonyme
S'odorant du génie, arôme d'hôpital !
— Pour les castrats , laissez les gémonies ,
Si vous voyez palpiter leurs douleurs ;
Pitié pour eux ! mais , vous, rentrez vos pleurs !
Ne craignez pas les lentes agonies !
— D'un temple saint gravissons donc le seuil ,
Temple de gloire , et peut-être ses dalles
N'auront jamais vu passer nos sandales.
Trop fréquement on heurte un froid cercueil.
— Je ne viens pas polluer ta chimère
Qui fait mon culte à moi, son fol amant ,
Non. Mais, je viens dévoiler le tourment
Que cloue au cœur cette coquette altière.
A tous nos maux , ami , jamais d'effroi :
Pieu d'hôpital, soif et faim aux entrailles,

Chair à canon, et dure à la mitraille,
Rien n'effraîra le génie et son roi !...

Paris, 184.

CONSEIL A MULLER.

Avant que j'eusse dit : cherchons dans la peinture
Une palme de gloire ; aux champs, à la nature,
Timide papillon voltigeant sur les fleurs,
Ma trompe allait pomper aux corolles en pleurs.
Et puis, quand j'étais las, vite l'aile posée
Sur un lotus tremblant, humide de rosée,
Séchait au soleil d'or : alors, Claude Lorrain
N'existait pas pour moi, mais nouveau Mathurin,
L'illusion au front, je vins vers Babylone
Et, de mes rêves bleus s'effeuilla la couronne.
Naïf amant des prés, de l'arôme du foin,
Du nénuphar, du saule où le pêcheur martin
Mire sa plume azur, dans l'eau qui tremble verte
Et fait frémir le jonc, mon âme était ouverte
A des concerts plus doux que ceux de Beethoven
Et, j'égrenais mes jours, bercé dans mon Eden.
Quand la soif de chanter, de peindre (orgueil étrange!)
A mon œil étonné fit passer Michel-Ange ;
Soudain, plus ébloui, j'aperçus Raphaël.
— De la manne de gloire autre enfant d'Israël,
Affamé, je quittai mon ciel de poésie
Pour un ciel nuageux où toute âme est saisie

3

Par un doigt de métal, d'argent froid ciselé,
Qui la presse et l'étouffe, où le rêve envolé
Elle n'a plus de foi, plus de penser sublime
Qui crée un chant divin comme ceux de Solime,
— Car, l'œuvre qui survit impérissable roi
Triomphant de l'oubli, s'étayait sur la foi.
— Hélas! vous la voyez, la terrible hécatombe
A presque tous les noms ouvre aujourd'hui la tombe;
Tout meurt, sauf les croyants (le cœur est immortel).
Mais vous, plein d'avenir, écoutez mon appel :
— Heureux, d'avoir si jeune un fleuron poétique
De la célébrité dont l'odeur balsamique
Vous caresse souvent en vos rêves dorés;
— Eh bien ! — vous les voyez, par l'argent dévorés
Nos peintres de talent et non pas de génie,
Dont l'œuvre à peine né s'abat sous l'agonie.
— Vous, dont le front reçut l'étincelle de feu,
Soyez de notre espoir l'inébranlable essieu,
L'âme où roule d'un siècle une vaste mémoire,
Vous avez l'avenir, songez à votre gloire !

Paris, mars 1840.

A TH. GAUTIER.

O Gautier! pardonnez à cette fièvre ardente
Qui pour vous, vient baigner l'âme reconnaissante,
Trombe d'enthousiasme éclose dès ce soir,
Dont le flot bouillonnant demandait à pleuvoir.

— Mais vous, vous comprenez l'aveugle frénésie
Qui peut si tôt brûler la jeune poésie,
Vierge folle, si prompte à se faire enivrer
Dès que son avenir de beau croit se dorer.
— Ainsi, quand tout à l'heure, avec le vrai poète,
Je pleurais pour le peintre une riche palette,
Dont le ton inconnu me fit pourtant rêver,
Je sentis une étoile en mon cœur se lever,
Oh! vous la devinez cette étoile polaire,
L'espoir! ce cri d'aiglon s'échappant de son aire.
Hélas! que de périls enfante son essor!
Que de coups imprévus lui prépare le sort!
Que d'orages feront tressaillir sa prunelle !!!
Qu'importe? si le plomb ne lui casse pas l'aile,
Sa serre un jour pouvant cramponner le haut mont,
L'aigle auprès du soleil réchauffera son front.

A MADAME DELAROCHE,

A PROPOS DE L'INAUGURATION DE L'HISTOIRE DE LA PEINTURE.

Je ne vous connais pas, madame, et la louange
Sur mon luth jeune encor n'avait jamais vibré,
Mais, pauvre barde obscur, ce matin un bel ange
M'apparut, éblouit mon regard enivré.
Dans l'extase où me mit la céleste figure,
J'admirais en tremblant cette chaste splendeur :

Sur son modeste front sa blonde chevelure
Faisait ruisseler l'or auprès de sa blancheur.
— Un rayon lumineux souleva sa paupière,
Je ne pus soutenir un long regard d'azur ;
Mais à peine tiré de l'ivresse première
Je compris le souhait de cet œil bleu si pur :
L'ange était une femme, une épouse, une mère
Qui voyait son héros se couvrir de lauriers ;
Et, mirage enchanteur de ma jeune chimère !
Quand les bravos pleuvaient, répétés à milliers,
Quand le cœur du grand peintre était baigné d'ivresse
Et quand, jusques aux pleurs sa parole trembla,
Oh ! je vis s'animer la forme enchanteresse,
J'entendis un soupir, son âme se troubla.
Une larme d'amour s'échappa de la toile ;
L'ange alors bénit Dieu pour un instant si doux,
Ton âme aussi poète à leur heureuse étoile,
S'arrosa de bonheur en pensant aux époux.

Paris.

A MON SYLPHE.

Toujours, pauvre rêveur, vos ailes diaphanes,
Où l'or, l'argent, l'azur, en réseaux filigranes,
Dessinent au soleil leur prisme si changeant
Que l'œil humain se trouble au ton éblouissant !
— Oui, toujours malgré vous vos ailes de volage
Aux yeux de la beauté, jetteront leur mirage.

Car, vous voltigerez, planerez au-dessus,
Votre gaze étalant ses plus riches tissus.
— La beauté! vous l'aimez, la coquette maîtresse
Souvent fait naître en vous l'extravagante ivresse,
Beau sylphe, dites-moi, pourquoi l'aimez-vous tant?
Dites? peignez-la moi, vous, trop discret amant :

LE SYLPHE :

« La beauté! pour la comprendre,
» Il faut avoir l'âme tendre,
» La tête ferme, un grand cœur.

» Quand elle descend sur terre,
» Souvent de l'esprit vulgaire
» Elle n'a qu'un ris moqueur.

» Mais l'âme, divine étoile,
» La découvrant sous son voile,
» Lui donne accueil éternel.»

— Les deux sœurs qui se comprennent,
Toujours aimantes se prennent
Le doux baiser fraternel.

Déesse, en tous lieux tu trônes,
Et tu tresses tes couronnes
Des rameaux les plus divers.

C'est le ciel, c'est la nature,
C'est la moindre créature;
C'est le splendide univers!

Le sylphe, enfant du nuage,

Aimera tout sans partage :
Le ciron et le héros.

Il aime aussi la peinture,
Et caresse la sculpture
Sur son marbre de Paros.

Son amour est frénésie
Pour la muse poésie,
La plus chère enfant de Dieu !

Mais pour une belle femme,
Le sylphe dans sa jeune âme
Couve des brandons de feu.

Et toujours son œil humide
Pleure une jeune sylphide,
Qu'il convoite en rêves d'or.

A chaque instant il l'appelle,
Mais en vain, et la rebelle
Veut le faire attendre encor.

A MON SYLPHE :

Beau sylphe, je comprends, moi, ces larmes amères,
Je vous plains. Car, hélas ! au hamac des chimères
Depuis cinq ans aussi, je me berce et m'endors ;
La pauvre âme s'ennuie et veut briser le corps.

Août 1841.

DITES.

Oh! pour faire jaillir la flamme
Que contiendrait une jeune âme,
Il est des organes puissants :
— Car, le cœur en feu du poète,
A le choix des vers frissonnants,
Ou de la brûlante palette.

Il sait aussi qu'aux champs de l'art
Pour faire germer le génie,
Il pourrait boire l'harmonie
Des célestes Gluck et Mozart.

Mais, il sait aussi ce problème :
Qu'il doit choisir son instrument,
A la voix de celle qu'il aime,
Qu'il adore, timide amant.

Au Musée, juillet 1840.

MISSION DE L'ARTISTE.

Courage! artiste, à l'œuvre, à l'œuvre,
Ouvrier, apprenti, manœuvre,
Toujours l'instrument à la main !
Gloire au vaillant ! mais mort au lâche !

Petit ou grand, point de relâche
Pour éclairer le genre humain !

Qu'importe que le front pâlisse,
Pourvu que veiller l'élargisse ?
S'il se fait chauve au dur labeur,
J'aime à voir sa peau saturée
D'une ride prématurée,
Où bourgeonne l'idée en fleur.

Qu'importe si la destinée
A hâté la fatale année
Où meurt le marin sous les flots;
— N'a-t-il pas aidé l'équipage,
— N'a-t-il pas le précieux gage
Du tendre amour des matelots ?

Oh ! pour quiconque ici-bas pense,
La vie est un devoir immense ;
Notre tribut à tous est lourd,
Artiste, savant ou poëte,
Aucun, pour acquitter sa dette,
Ne doit être oublieux ni sourd.

Et vous, dont l'âme est toujours triste,
Consolez-vous, mon noble artiste,
Suivez la sainte mission
Que vous avez, nouveau Moïse,
De frayer la route promise
Au nouveau peuple de Sion.

Vous serez toujours son étoile,
Soit avec le marbre ou la toile,

Avec l'équerre ou le compas.
Guidé par votre âme bénie,
Sur les traces du pur génie,
Il voudra diriger ses pas.

Respect, amour pour cette foule,
En suivant son torrent qui roule,
Réglez son cours audacieux;
Sur les simples, l'âme choisie
Doit répandre sa poésie
Pour les mortels quittant les cieux.

Espoir en Dieu! jamais de doute,
Poursuivez votre noble route,
Portez la lumière en tout lieu;
L'intelligence vers son pôle
Vous suivra, céleste boussole,
En se tournant toujours vers Dieu!

A CAMILLE.

Si tu voulais, si tu voulais, Camille!
Je t'aimerais comme on aime à vingt ans!
J'ai dans le cœur un diamant qui brille,
L'amour discret des sincères amants!

Paris, 1840.

A MADAME E. G.

Salut! hommage à vous, madame!
Si vous revoir m'était permis,
Je m'écrierais du fond de l'âme :
— « Vous qui daignez sur mes amis
» Abaisser vos belles paupières,
» Fée aux grands yeux, si fiers, si doux.
» Exaucez toujours les prières
» Du faible implorant vos genoux » ;
— Car, on ne prie une madone
Qu'en lui vouant sa foi, ses pleurs
Et, pèlerin, on ne lui donne
Qu'amour, encens, deux pauvres fleurs.
Souvent encore idolâtrie !
Cœur profane ou reconnaissant,
On peut de la Vierge-Marie
Adorer l'œil compatissant !

Paris, 1848.

AU DOCTEUR FÉLIX VOISIN.

O mille fois heureux ! cher savant, cher poète
Qui savez à la fois de l'âme et de la tête
Accorder les transports, les élans généreux,
Dont le cœur plein d'amour bat pour les malheureux!

— Salut ! et gloire à vous, tête noble et choisie
Dont le front reflétant science et poésie,
Offre à l'humanité ses labeurs, ses efforts.
—Courage ! homme de cœur, vous êtes des plus forts ;
Courage, accomplissez la mission suivie,
La mission sacrée, éclat de votre vie,
Et la gloire déjà, de son sceau mérité
Imprime votre nom pour la postérité.

Mai 1847.

A MA MÈRE.

Il faut lui pardonner : homme, on n'a qu'une mère !
(LAMARTINE.)

L'ange, à la sainte mission
De chasser la douleur amère,
Gabriel t'a donné, ma mère,
Une secrète intuition.

Il t'a dit, ce fils infidèle,
« De ta tendresse, est mine d'or ;
» Depuis toi, jusqu'à lui mon aile
» S'élargira sur ton trésor. »

— Mais, tu le sais, son âme est bonne :
S'il brûle souvent de désirs,
De Paris, grande Babylone,
Il ne peut goûter les plaisirs.

— Sa douce fée est très-rêveuse,
Grâce à sa baguette en tous lieux,
Il met sa tente voyageuse
Et cherche à s'approcher des cieux.

— L'enfant aima la poésie,
Vous l'en vîtes goûter le miel ;
Il voulut boire l'ambroisie
Que l'on boit dans le ciel.

— Epris de la belle nature,
Pour exprimer sa passion,
Il veut trouver dans la peinture
Le feu de la création.

— Si loin de moi, parfois l'entraîne
Sa folle imagination,
Je veux que ma voix le ramène
Au sein de la religion.

— Mère, avez-vous entendu l'ange ?
Il vient de vous ouvrir mon cœur,
Soyez bénie et, sans mélange,
Goûtez un éternel bonheur !

Paris, 20 mai 1840.

A. M. DELAROCHE.

De sens commun, ou mieux, de ce rare bon sens,
Infaillible pilote et de l'âme et des sens,

Certes, il en a besoin par dessus toutes choses
Ce rêveur si mobile en ses métamorphoses,
Qu'au dos de son griffon s'il va fendre les airs,
L'imagination scintille en tant d'éclairs
Qu'on ne pourrait compter leurs lueurs et leurs flammes
Bien moins qu'à l'Océan les brises, ou les lames.
— Aussi, vous homme fort, au talent fortuné,
A la faveur du ciel sous une étoile né,
L'étoile du génie à l'ardente auréole
Dont l'éclat resplendit et vous crée homme idole;
— Vous qui savez percer tout d'un prompt jugement,
Plaignez de l'art divin un trop brûlant amant.
Son amour vierge à lui, trompé dès la naissance,
Insensé! convoitait un avenir immense;
— Mais le rêve fut court, le cœur sali de fiel,
Abattu dans son vol des campagnes du ciel,
Son sylphe qui voulait la parure de l'ange
Pleure ses ailes d'or qui traînent dans la fange.
— O la réalité! ce cauchemar mortel,
Fauche l'illusion sur son plus chaste autel!
— En vain, fils généreux pour son père et sa mère
Son amour couvera la plus belle chimère :
Quelques lauriers pour eux ravis aux champs d'honneur,
Pour leur dire : oh! prenez ces palmes de vainqueur.
— Poète, paladin, son luth et son épée
Pour vous feront jaillir la plus riche épopée,
Qui sait? Voyez encor sa folle ambition :
Pour vous, êtres chéris, cherchant création,
Il voudrait en glanant les épis du poète
Faire pleurer la toile aux tons de la palette.
— Désir! ton poids est lourd, et pour qui l'a porté
Tu montres le pouvoir de toute volonté

Et, pour savoir créer le levier de puissance
Qu'Archimède a rêvé dans sa haute science,
Il faut te concentrer unité sur l'objet,
Vers lequel veut toujours s'élancer ton projet.
— N'écoute pas encor ton âme mensongère;
C'est ta tête qui doit te guider la première,
C'est le frein du bon sens, à cette vierge sage
Qui doit guider l'essor de ton âme volage.
— Trop souvent l'imprudente, en voyage fatal,
Va sombrer sans boussole au grabat d'hôpital!
—Aussi, par tout l'amour qui chante au cœur des pères,
Au malade, versez remède salutaire.

Paris, 1840.

A MON AMI A. YVON.

-- Est-ce un échec ? non, c'est une injustice,
Console-toi : méprise ce refus.
Qu'un jour, ton nom de gloire retentisse,
Et tu verras les injustes confus.
— Courage, frère! oh! relève ta tête,
Ne livre pas ton âme au déplaisir,
Ah! ressaisis ta fidèle palette
Et, pour toi, s'ouvre un brillant avenir.
— Quand Géricault pour Rome faisait voile,
Une tempête écrasa son vaisseau :
Mais toi, tu sais, frère, sur quelle toile
Il nous peignit son sublime radeau.

Juin 1841.

LES PÊCHEURS.

Les pêcheurs ! les pêcheurs ! les verrai-je jamais ?
Et cette vierge aussi que toi, Robert, aimais ;
Cette vierge à l'enfant, front rêveur, œil si tendre,
Bouche mélancolique où venait se suspendre
Le désir instinctif d'un triste épanchement
De ton cœur abattu, toi, malheureux amant :
Car, j'ai toujours rêvé que ton pinceau de flamme
Éternisa des traits gravés dans ta belle âme,
Et, que le moissonneur sur le buffle appuyé,
Que ce beau moissonneur en ses chagrins noyé,
N'était autre que toi, que sa sublime tête
Ressemblait à la tienne, ô mon divin poète !
Aussi, je sentirais renaître mes douleurs,
Si je vous revoyais tous deux dans les pêcheurs !

Paris, juin 1840.

A MADAME V.

LE POÈTE.

Quoiqu'on ne m'ait ouvert un crédit de poète,
Je dois, bon débiteur, vous acquitter ma dette ;
Vous m'avez dit un jour entre propos divers :
(Nous parlions poésie) : Oh ! faites-moi des vers.

Les vers, vous le savez, sotte ou sublime chose,
N'ont que mesure et rime au-dessus de la prose :
Et l'orgueil aujourd'hui d'avoir le nom d'auteur
Fait pulluler partout le versificateur.
— Mais, il ne suffit pas en lignes cadencées,
D'encadrer avec soin d'ordinaires pensées.
— Non, non, le vrai poète est poète au berceau,
Sa jeune âme toujours, comme un gosier d'oiseau,
Mêlera quelque note aux voix de la nature,
Et, toujours ses concerts pris à la source pure,
Couleront d'harmonie aussi doux que du miel ;
Et, parfums enivrants, retourneront au ciel.
O femme ! aimez, aimez la chaste poésie,
Savourez en tout temps sa coupe d'ambroisie ;
Vous grandissant vous-même en votre âme, à vos yeux,
Vous aimerez le beau, vous comprendrez les cieux.
— Eh bien ! je n'ai rimé que ce long préambule
Pour mieux vous pénétrer des sons que je module.
— Fille d'Ève, je sais, vous avez un grand cœur,
Faites toujours briller ce trésor du Seigneur ;
Épouse, jeune et mère, apprenez ce miracle :
Toute âme, perle pure, orne son tabernacle.

Paris, 19 juillet 1840.

A THORÉ.

A vous, à vous Thoré, maître de la critique,
A vous ce faible chant, juvénile cantique

Qu'autrefois j'élevais au milieu des revers.
Veuillez, le parcourant d'un coup d'œil sympathique,
Accueillir ces élans que j'ose appeler vers.

1849.

A Mlle RACHEL.

A PROPOS DE L'INONDATION DE LA LOIRE.

Honneur ! honneur à toi, grand génie hébraïque !
Si l'envie, en bavant sur ta noble tunique,
Prétendit de ton cœur ternir la chasteté,
Honneur à toi ! — l'élan pur de ta charité,
En venant soulager une infortune immense,
Confond des envieux la haine et la démence.
— Ah ! si pour moi le ciel, prodigue de ses dons,
Avait dans mon cerveau, soufflant quelques brandons,
Fait jaillir un reflet des vives étincelles
Que naguères encor, en lueurs immortelles,
Ton génie allumait au foyer généreux
Du roi de la satyre, au fouet si vigoureux,
Saisissant mon burin dans l'épître ou dans l'ode
J'oserais t'esquisser après l'heureux rapsode.
Abeille picorant dans l'odorant sentier
Des Rudde, des David, des Ingres, des Pradier,
Ou dirigeant mon vol vers la Grèce ou vers Rome,
Je voudrais composer quelque suave arôme ;
De Paros ou d'Hybla, de Mantoue au doux ciel

Je te rapporterais quelque rayon de miel.
—Mais, pauvre peintre obscur, et rimeur sans audace,
Ne pouvant point gravir un gradin du Parnasse,
Après Barthélemy, dans un maigre sillon,
Au flambeau de ta gloire, aveugle papillon,
Brûlerai-je mon aile à cette riche obole
Qui du peuple inondé te rend déjà l'idole;
— Et, pourrait-il oser, ce luth au faible son,
Fatiguer plus longtemps l'élève de Samson?
Non. Car, pour toi toujours chanteront les poètes,
Les peintres chaufferont les tons de leurs palettes
Et les sculpteurs pourront, même quand tu voudras,
Évoquer le ciseau du savant Phidias;
Si l'amoureux Pradier, ou l'énergique Rudde,
Ingre, Apelles français, veulent faire une étude,
Ils devront, copiant ton type sans égal,
T'élever, Melpomène, un riche piédestal;
Mais, ils n'oublîront pas, en bas-relief fidèle,
De graver les bienfaits de leur divin modèle;
—Ils pourront, t'accoudant sur un cippe, un tombeau,
Écarter les plis grecs du sévère manteau,
Et, versant de tes mains l'urne lacrymatoire,
Arroser de tes dons les malheurs de la Loire.

A UNE FENÊTRE.

Pour que son cœur clément pardonne au genre humain,
Que faut-il au poëte? Un baiser et du pain.

H. M.

Vous qui, d'un œil compatissant,
Épiez ma pauvre demeure,
Ange, plaignez en l'habitant,
Car une chimère le leurre.

De son âme en la chasteté,
Méprisant l'hypocrite monde,
L'enfant se sentit dégoûté,
En voyant son commerce immonde.

Menteuse, une fée, à son cœur
Avait dit : Va, poète, espère !
Mais, l'espoir s'enfuit en vapeur,
Soufflé par la sèche misère.

Pourtant, quel bonheur de rêver :
Vivre resplendissant de gloire,
Heureux s'éteindre, et vos vers raviver
Votre impérissable mémoire.

Oh! la vie est heureuse au roi!
La poésie est une reine,
Hélas! mes doigts crispés de froid
Rompent le rêve qui m'entraîne!

Maintenant, ce sont de méchants
Éditeurs qui coupent les ailes :
Rocs insensibles à nos chants,
Éperviers, mangeurs d'hirondelles.

Encor! si je gagnais mon pain!
Si le cœur gros, pauvre poète,
Une femme amie, en son sein
Recevait ma brûlante tête!

Je dirais : — Sois béni, soleil!
Et, me chauffant après l'orage,
A ton rayon pur et vermeil,
Je t'adorerais comme un mage.

— Vous qui, d'un œil compatissant,
Épiez ma pauvre demeure,
Ange! plaignez-en l'habitant,
Si son espérance le leurre.

Paris, 1840.

A UNE JEUNE FEMME.

Oh! qui que vous soyez! femme dont l'œil m'enflamme,
OEil noir dont le volcan vient lancer dans mon âme
Une lave d'amour qui peut l'incendier;
Vous, femme, ange ou démon, écoutez-moi prier :
— Pitié pour un enfant amoureux de la gloire,
Infortuné Tantale, il n'a pu jamais boire,

Boire à sa soif d'amour un breuvage si doux !
— Pitié, s'il vous implore, en mage, à deux genoux,
O pitié ! pour son cœur rongé de solitude !
L'insensé qui croyait retrouver dans l'étude,
Un aliment trompeur pour étouffer l'amour,
Nouveau Faust acclama : Viendra-t-il, mon grand jour ?
Où l'arbre du savoir me donnera sur terre
Tous les fruits que j'envie au fond de ma misère ;
Car, la beauté s'éprend d'un nom qui, glorieux,
Brille, éclatant génie, en soleil radieux.
C'est l'amour qui forma Raphaël, Michel-Ange :
Ces grands peintres de Dieu, sans la voix de cet ange,
La femme, qui d'en haut descendit pour aimer,
Ève de nos malheurs, baume fait pour fermer
Les blessures du cœur ; oui, sans cette belle Ève,
Raphaël et Michel ne seraient plus qu'un rêve.
— Et, les poètes dont nous aimons les houris,
Femmes au sein si blanc, les célestes Péris,
A l'œil si chatoyant, à la bouche de rose,
Qui sourit, tel la fleur timide, à peine éclose,
S'épanouit au jour : en ces créations,
Poëtes, ils chantaient leurs chaudes passions.
Extasiés devant la beauté, leur amante,
Leur luth est un écho de ce que l'âme chante :
Interrogez ici Lamartine et Victor,
Elvire et L..... sont pour eux un trésor
D'harmonie où puisant leur sublime poëme,
Ils ont dit à la femme : Ange, ici-bas, aime ! aime !
. . . .
— Vous avez entendu mon appel suppliant,
Sur votre lèvre amie un seul mot souriant ;

Un mot d'espoir pour moi, céleste créature !
Dites-moi si je dois chercher dans la peinture,
Ou dans la poésie, un illustre rameau ;
Parlez, et l'avenir se lèvera plus beau.
Et pour vous seule, un jour, créé peintre ou poète,
Ma couronne ceindra votre divine tête ;
Car, mon honneur c'est vous, vous qui l'aurez conquis ;
Mais, de grâce, un seul mot d'espoir, ou je languis !

Au Louvre, 1841.

A Mlle N.

Hier, hier, c'était sa fête,
Sur ses genoux pas une fleur,
Pas une rose sur sa tête,
Et pas un vœu pour son bonheur.
— Pardon pour cet oubli du poétique usage !
— Mais hélas ! nous veillions près d'un lit de douleur ;
— Aujourd'hui, nous venons apporter notre hommage,
Et réchauffer notre âme au foyer de son cœur.
— Oh ! puissiez-vous toujours embellir votre vie,
Éviter son calice et goûter son doux miel ;
Et, puissent tous ses jours, en votre âme ravie,
Vibrer les harpes d'or que l'on entend au Ciel !!!

26 août 1849.

APPARITION AU LOUVRE.

A M^{mc} DE G**.

Au Louvre un jour, j'errais triste et rêveur,
  Et, promenant ma solitude,
  J'allais retrouver dans l'étude
Le travail, mon ami, mon Dieu consolateur.
— J'explorais le musée et, le front sur la toile,
  Dans mes tacites entretiens,
  Je lui confiais mes chagrins ;
Et, morne, je quêtais d'un œil que l'ennui voile.
— Je m'arrêtai soudain ; car mon œil s'étonna :
Le front pensif naguère aussitôt rayonna.
— J'avais vu, je voyais une belle figure,
Type encor ignoré du ciel de la peinture.
Nouvelle Galatée, ah ! quel doux sentiment
S'alluma dans le cœur de son brûlant amant !
Ange ou fée à mes yeux, sa brillante auréole
Resplendissait en or, et, devant mon idole,
Profane, je chantais l'hymne de mon désir.
— Mais, hélas ! la voyant loin de mon cœur s'enfuir,
Je volai sur ses pas, respirant les arômes
Qui, de l'air ambiant traversant les atômes,
Ondulaient jusqu'à moi de ses cheveux de jais.
— Océan d'amour vierge ! oh ! comme j'y nageais !!
— J'approchai, j'approchai de ma pudique fée ;
Oh ! quel effroi soudain assiégea ma pensée...
— Je voulus déposer mon hymne à ses genoux...

— Ce qu'elle répondit, oh ! vous, le savez-vous ?
— Dites ? Vous le savez... — L'œil fixé sur le sol,
Je me disais encore : elle a donc pris son vol !!...

Paris, 1841.

A JULES JANIN.

Ce soir, pauvre rêveur, je sillonnais la rue,
Quand sa face enjouée à mon œil apparue,
Sous ses traits dilatés, m'apprit tout son moral.
(Pour le connaître à fond, a-t-on besoin de Gall?)
— A quoi bon Lavater, puisqu'on lit sur sa joue
Où le vif incarnat sur l'embonpoint se joue,
Puisqu'on voit sur sa bouche où, Voltaire sourit,
Qu'une âme de poète a pour tombeau l'esprit ;
Puisque son œil perçant, chatoyant d'ironie
Lance encor le rayon affable du génie ;
— Eh bien ! quand le hasard me mit sur son chemin,
Que lui, Jules, chercha de son regard rapide,
Explorant sur le masque un sentiment timide,
Ou voulant reconnaître, au papier à la main,
Un de ses écoliers qui, plus tard, dans la presse,
Auront pour les écarts la verge vengeresse ;
Peut-être au seul aspect d'un corps maigre et chétif
D'un jeune débutant (trop franc et trop rétif)
Eut-il de son passé la mémoire présente?
Revit-il son début près de sa bonne tante?
— Ces pensers traversaient mon esprit agité....

Hélas! jadis au vent de la célébrité,
L'enthousiasme au front caressé de ses brises,
D'instinct la connaissant sans faire de méprises,
J'aspirais largement son enivrante odeur,
Voyant mon avenir par l'optique enchanteur.
Mais, à présent, mon Dieu! d'où vient que dans mon être,
La froideur a glissé; voudrais-je encor connaître?
— Chercherais-je un conseil, un appui bienveillant;
Pour relever le cœur trop souvent défaillant?
Autrefois, en chantant la fréquente souffrance,
Enfant, j'eusse attendu quelques grains d'espérance.
— Depuis, j'ai mesuré la gloire à sa hauteur;
Aujourd'hui, de tout nom je pèse la valeur.
Dieu me garde d'aller, papillon, à la flamme
Brûler mes ailes d'or et polluer mon âme.
De ses vingt ans encor, vierge dans sa pudeur,
Elle n'a pas souillé sa robe de candeur.
— Mais, au malheur trempée, humaine pour les autres,
Elle appelle chez vous la bonté des apôtres.
— De mes frères d'espoir, protégez les essais,
Des portes de la gloire en leur frayant l'accès.
— Vous verrez, vous verrez que leur reconnaissance
Vous chantera: c'est bien! dans votre conscience.
Car, vous avez du cœur; le mien le devina,
Haut et puissant seigneur d'une palazzina!

24 juin 1840.

A AUGUSTE LEBOUY.

AVANT SON PRIX DE ROME.

Oh! permettez que la voix d'un trouvère
Chante pour vous le succès des vainqueurs !
Heureux jouteur, devant votre bannière,
A pleines mains, je viens jeter des fleurs.
A ce tournoi, la lance est la palette,
Votre champ clos la toile où, votre amour
Doit animer par le feu du poète
L'art créateur du ton et du contour.
Quoi de plus beau que ce combat de l'âme
Pour honorer les vaillants et les preux;
Pour conquérir aux lèvres de sa dame
Fruits mérités, des baisers amoureux?
— Je sais qu'il fut maintes joutes antiques,
Où les héros s'exerçaient par millier;
Mais, les plus forts, sur leurs muses lyriques,
Faisaient pleuvoir des feuilles de laurier.
— Plus tard, on vit la gloire en auréole
Baiser le front des poètes romains,
Puis, en triomphe au front du Capitole,
Les élever par d'orgueilleuses mains.
— Le moyen-âge eût encor ses arènes;
Aux jeux floraux, plus d'un barde enchanteur
Venait verser au sein des châtelaines
Ses lais d'amour et ses soupirs de cœur.

Mais, aujourd'hui le champ de la peinture
Donne à glaner des gerbes de bravos,
Et je fais vœu pour que votre âme pure
Puisse gagner la palme du héros.

Victoire, Auguste, et la joie, en arôme,
Odorera votre front radieux.
Heureux voyage au conquérant de Rome
Où s'ouvrira l'avenir glorieux.

ADIEUX A MADAME WALDOR.

Pour arracher la muse au foyer de ses rêves,
Vous allez l'éloigner de son sol radieux,
Et, la mobile roue en foulant d'autres grèves
Va, changeant d'horizons, rouler sur ses essieux.
— Mais, avant de quitter Paris où, votre lyre,
Comme celle d'Hélène Adelsfret, votre sœur,
Vibre tous les hivers dans un brûlant délire
Des strophes de génie, enfants de votre cœur;
Avant de nous quitter, nous, convives fidèles
Du banquet des beaux-arts où rayonnent vos yeux,
Oh! laissez de ma plume, en vives étincelles,
Jaillir de faibles vers, sympathiques adieux.
C'est le destin, il faut que la muse plaintive
Sorte de son foyer, de Paris, où l'ardeur
La consume l'hiver de fièvre corrosive,
Pour s'aller retremper de sève et de fraîcheur.

Il faut que loin du bruit de la ruche frivole,
Afin de composer le suc d'un autre miel,
Toute abeille rêveuse ouvre l'aile, s'envole
Et butine, l'été, les fleurs d'un autre ciel.
Aussi, musicien, sculpteur, peintre, poète,
Nous irons tous; pressant notre rapide essor,
D'une brise odorante embaumant notre tête,
Explorer pour les arts une veine, un trésor.
— Heureux qui reviendra, la palette féconde,
Chargé du frais butin de la nature en fleur;
Gloire à l'heureux Colomb qui, de son nouveau monde,
Comme Félicien, s'élancera vainqueur.
— N'en doutons pas : Adam, plein de verve lyrique,
D'un prochain opéra le facile inventeur,
Au théâtre Gallois, rival de l'historique,
Va pour la nation chanter en novateur.
— Scudo, peut-être encor à la lueur du cierge,
Dans des accords sacrés, primitifs et touchants,
Ravira quelque fil à l'autel de la vierge,
Pour le faire ondoyer du ciel jusqu'en ses chants.
— Tous les compositeurs de la romance d'âme,
L'original Vivier, le rêveur Delatour,
Victoria la brune, Hywens au cœur de flamme,
Le puissant Géraldy, Ponsin au beau contour;
Ces gais Bohémiens vivant tous d'harmonie
Imitent la fourmi glanant pour les hivers,
Et dirigent déjà le vol de leur génie
A travers les bluets et les feuillages verts.
— Voici partir encor nos maîtres de sculpture,
L'auteur de Velléda, Maindron, Garraud, Husson;
Cogniet, un de nos rois de la grande peinture,
Boulanger, Ducornet, Thénot, le fort Yvon,

Et, comme vous aussi vont déployer leurs ailes
Méry, le rimeur d'or, d'Epagny doux penseur,
Lacaussade, Loudun, aux deux âmes jumelles,
Plouvier, Murger, Dumas qui fait fi de son cœur.
— Quoi ! j'allais t'oublier, chantre de Ségovie,
Qu'à Paris ou Séville on appelle Lucas.
— Pourquoi ne pas citer ce talent où la vie
Rayonne sur le front large de Ségalas?
— Ainsi, la session étant déjà finie,
Vous fermez le salon dont j'omets tant de noms,
Où titres et naissances avec grâce infinie,
Pour les arts et la gloire abdiquent leurs blasons.
Adieu, chers pèlerins, et si votre mémoire
Vibre de quelque nom, éclatant souvenir,
Songez qu'au grand foyer où se forge la gloire,
La vôtre vous rappelle, il faudra revenir.

. . . .

— Tel, on voyait jadis le grand rapsode Homère,
Après avoir au loin promené ses douleurs,
Retourner au foyer de la Grèce, sa mère,
Pour accorder sa lyre et chanter ses malheurs.

                                 Paris, 4 août 1847.

SOUVENIR A RUBINI.

Un soir (j'en garderai l'éternelle mémoire),
Je rêvais par la rue et, poète sans gloire,

Oubliant trop souvent le pain utile au corps
Pour le pain qui nourrit l'âme de ses transports,
Savoureuse substance, hélas! aussi funeste
Que le fruit de l'Upas, éclos un jour de peste.
Car, la chimère endort avec son jus divin,
Oublieuse du corps, l'âme ivre de son vin.
Ce vin est capiteux et fait sauter la coupe.
— Or, chimère qui m'a toujours pris sur sa croupe,
Ne m'abandonna pas ce soir-là, je voulus
Boire un peu de liqueur destinée aux élus,
Manger de leur béthel, mordre avide à leurs pêches.
Il faisait froid pour moi, mais eux dans leurs calèches
Et leur luxe insolent, volaient à leurs plaisirs.
— A pied, et, dans la neige, exténué de désirs,
Sous le royal fronton j'arrivai. Ma misère
S'exécuta : donnez aussi votre salaire
Poète malheureux, qui voulez, un instant,
Jouir de l'art d'Orphée, ouïr le plus doux chant
Qu'a couvé le soleil de la chaude Italie.
— Entrez : oh! votre tête, à la veille pâlie,
S'illumine du feu de l'inspiration,
O poète! écoutez avec religion!
— Et, j'écoutai tremblant, la poésie absorbe
Celui qui la comprend. — Sur quel divin théorbe
Vous répéter ici les chants que j'entendis?
Il me faudrait un luth pris dans le paradis!
Jamais, à mon oreille, une voix séraphique
N'avait, en de tels sons, distillé sa musique!
— C'est qu'alors roucoulait l'oiseau que Rossini
Dota de son trésor, j'écoutais Rubini.
— Chante, chante, beau cygne à la voix ruisselante,
Vole au cœur attentif de la foule béante.

Jamais le mien ravi jusque-là ne brûla
Du feu que m'inspira chaste Somnambula.
Un fantôme descend éclairé par la lune,
C'est Diva Persiani disant son infortune;
Mémnonique statue aux plis et grecs contours,
Elle vient en dormant nous pleurer ses amours.
— La colombe plaintive au ramier infidèle,
Avec moins de douceur chante, et jamais Apelle,
Ni le divin Sanzio, ni Titien, ni Vinci,
N'ont mieux peint la douleur que son larynx dolci.
— Et, l'amant tout fumant encor de sa vengeance,
O délice! écoutait la fluide romance
De l'innocente en pleurs. — Au bord de votre ciel,
— Anges, écoutez tous couler comme du miel,
Le duo des amants : sa sublime harmonie,
Coule comme un flot pur roulé par le génie.
Et, quand j'eus savouré le flot mélodieux,
Je me dis : l'Italie est la mère des dieux.
Mais, sachant que leur temple est bâti pour les riches,
A mon crayon jaloux vinrent ces hémistiches.
Ils sont faibles et lourds, mais sortis de mon cœur,
Acceptez-les, voilà l'offrande du malheur.

Paris, février 1840.

LA VAPEUR.

Ainsi, quand la matière inerte en son néant,
Aura dormi d'abord ; mais, que brute asservie,

Fulton, Watt, à la tordre, à lui donner la vie,
S'appliquent : voyez-là, monstre au gosier béant,
Ne pouvoir apaiser ses voraces entrailles...
Toujours faim ! toujours faim ! dans sa gueule de fer :
Chauffeur jette la houille, allume un feu d'enfer,
Car tes blocs de charbon, comme légères pailles,
S'éteindront en vapeur à l'instant consumés.
— Le ventre est-il repu ? non, la faim devient rage ;
Alors, déchaîne-le. — Son hurlement sauvage
Percera jusqu'aux os des hommes timorés.
— La soupape est ouverte : à toi, vapeur, l'espace !...
Le monstre siffle, part, oh ! quelle aveugle ardeur !
L'œil humain ne pourrait du démon voyageur,
Suivre l'ombre, un instant, en éclair sur sa trace.
. . . .
— Ainsi, poëtes, vous, sur sa croupe emportés,
Quand l'air que vous fendez, fouette la chevelure,
Et, lorsque vous voyez tournoyer la nature,
Ciel et terre en nuage et tourbillon roulés ;
Quand vous volez toujours sur cette aile enflammée,
Dont un Vulcain habile a dirigé l'essor ;
Poëtes, vous sentez qu'aussi vite à la mort,
La vie et la pensée éteignent leur fumée.

Paris, 1846.

A Mme E. D. G.

Je ne vous vis jamais, vicomte, mais votre âme
M'a souvent réchauffé des rayons de sa flamme :

Votre muse, toujours d'une amicale main,
Me montra de l'honneur le sublime chemin.
— Eh bien! merci de cœur, merci pour vous, poète,
Qui protégez le faible et relevez l'honnête.
— Gloire à votre drapeau, sa lance a combattu,
Déroulant pour devise : « Et justice et vertu! »
— Oui, votre plume est forte en ce siècle de boue;
Elle peut le flétrir et lui cingler la joue,
Terrasser la matière et le vice brutal,
Qui gangrènent le cœur de l'infect hôpital.
— Courage, poursuivez la glorieuse voie,
Où, votre beau talent de tant d'éclat flamboie;
Et nous, reconnaissant du fond de notre cœur,
Nous voterons encor une plume d'honneur!

20 août 1847.

A ADÈLE.

Pour moi, poète obscur, l'autre jour en passant,
Vous laissâtes tomber un mot compatissant,
Un mot, voilà tout... Mais, quand vous fûtes passée,
Cette parole d'or, oh! je l'ai ramassée,
J'ai caché dans mon sein ma relique, et, depuis,
Je la porte le jour, je la baise les nuits;
. . . Courage... et je suis fort, espérance et j'espère.
H. MOREAU.

Trop longue, pensez-vous, la plaintive épigraphe
Qu'Hégesyppe a gravé dans mon cœur sténographe,

Cependant, moi je sais qu'elle ne suffit pas ;
Le banquet où ma faim a volé ce repas,
Est servi des douleurs qui nourrissent mon gîte ;
Et, je crois n'être point poète parasite,
Car ces maux étalés, ces saignantes douleurs,
Madame, je les ai fécondés de mes pleurs ;
Seulement, Hégésyppe, au cri de sa souffrance,
Fit venir l'ange blond, qui lui dit : Espérance !
— Pour moi, vous le savez, il fut sourd à ma voix ;
Pourtant ! j'avais fixé mon poétique choix :
Son œil noir me lançant un jet pur de sa flamme,
M'eût réchauffé ; sa bouche eût ravivé mon âme,
Ses doigts roses auraient, d'un lin blanc odorant,
Étanché le sang chaud de la plaie en s'ouvrant.
— Puis, ils l'auraient fermée ; et, vous savez, madame,
Comme j'aurais béni ce maternel dictame !
Déjà, je vous l'ai dit : nouvel Ivanohé,
Oubliant mes tourments, bénissant ma misère,
J'aurais de mes exploits ébloui la carrière ;
Et, le preux vous portant sa gloire à vos genoux,
Vous eût dit : Oh ! prenez ! ce beau nom est à vous !
— Mais, pourquoi m'abuser, rêveuse créature,
Éclose au mois des fleurs, au ciel de la peinture ;
D'art et de poésie, enfant trop amoureux,
Je dois pour l'avenir rayer le mot : heureux.

1842.

A Mme D.

Je disais : infecte Gomorrhe ,
Dont le souffle empesté dévore
La fleur éclose au jour ;
Si la vertu n'a plus d'asile ,
Je te maudis , impure ville ,
Sodome au sale amour !

Et, quand l'hiver sifflait , la nuit , aux veilles froides ,
Qu'une bise givreuse arrachait aux mains roides
Mon pinceau trempé dans le fiel ;
Lorsque la tête en feu , mais tout le corps de glace ,
Par les trous du grenier, venait fouetter ma face ,
Quelque grêlon du ciel ;
Et, que pour me narguer, l'infâme saturnale ,
Me jetait en roulant, mélopée infernale ,
Mille cris de plaisir :
Alors, pleurant, grinçant :
Enivrez-vous de joie ,
O femmes de Paris ! que vos burnous de soie
Aient soin de s'entr'ouvrir.
— Tuniques de satin , bâillez aux girandoles ,
Montrez les galbes nus des plus dures épaules ,
Un sein rebondissant.
— Vierges , ne rougissez de vous produire nues ,
Si vous voulez ce soir être les bienvenues
Du boulevard de Gand.
— Au fat encrétiné , belles , faites la roue ,

Excitez l'appétit à ce vieux corps de boue
      Difficile et blasé.
Tâchez de fasciner son œil vineux et louche,
Pâmez sous les baisers de sa fétide bouche,
      Et sous son sein usé!
Douce ivresse! ô délire! à vous, joyeuse fête...
Mais, quel silence affreux! d'où vient que sur vos têtes,
      Se dressent vos cheveux!
Pourquoi l'archet muet, la valse suspendue?
Pourquoi sur les fronts mats, la pâleur répandue?
      Pourquoi ces bonds nerveux?
— Attendez-vous le sort de Ninive l'antique?
J'avais dit. . . . une voix, voix apocalyptique,
      Grandiose, parla!
— Soudaïn, le ciel en feu s'entr'ouvre, fume, tonne,
La cataracte pleut, moderne Babylone,
      Paris s'en ébranla.
Les dômes, les clochers craquaient, croulaient en cendre;
Spectacle malheureux! c'était peine d'entendre
      Un grand peuple aux abois.
— Là, l'avare crispé sur ses trésors en flamme......
— Entendez-vous rugir en lionnes les femmes?
      Voyez trembler les rois.
— D'une affreuse cohue, effrayants assemblages!
De leurs maîtres mourants, là, les chevaux sauvages
      Mordaient les crânes chauds.
Fantastique mêlée! hommes, bêtes immondes,
Sur les lèvres, les seins des jeunes filles blondes
      Rampaient d'impurs crapauds.
Tout hurlait, s'accrochait, peureuse créature,
Tant se bouleversait cette aveugle nature

Sous la divine main !
— Et, voilà sous les flots d'une immense fumée,
Aux grincements, aux cris, je te vis abîmée,
Reine du genre humain !
Du silence, un instant... puis, d'un bruit solennel,
Sur le terrain fumant j'ouïs grêler du sel.
Par un bienfait du ciel sauvé de la tempête,
Un ange m'avait dit : « Viens, mon frère poëte,
» Fuyons, fuyons tous deux cette ardente cité
» Dont les murs embrasés fument comme à Dité...... »
Et lui, plein de candeur, m'ayant pris sous son aile,
M'emporta dans son vol à la voûte éternelle.

. . . .

— Ainsi je maudissais... méchant rend le tourment...
Comme un peu de bonheur vous change en un moment !
— Fille de Ketty-Bell, pardonnez mon blasphème,
Ainsi que Chatterton, pauvre frère au teint blême,
Votre mère l'a su : j'allais vendre mon corps,
Vers la tombe incliné, quand le pied sur les bords,
Mon ange m'arrêtant, me dit : Mon frère, espère !
Et, si ce n'est pour toi, vis au moins pour ta mère...
Et puis, ce soir, vers vous l'instinct guidant mon cœur,
Ce bon ange m'a dit : Vois la molle candeur
Qui baigne sa prunelle,
C'est la rose nouvelle
Sous le bleu firmament ;
Ou sous une aile frêle,
La timide hirondelle
Au corsage élégant.
Femme encor non rêvée,
Plus belle que l'Haydée

De l'heureux Don Juan !
Suave jeune fille ,
Ton front de pudeur brille,
Type du Padouan.
Puisqu'elle m'accueillit , pour tribut de louanges ,
Acceptez celles-ci , le plus doux de mes anges !

                                        Paris, 1840.

A UNE ENFANT QUI M'AVAIT DEMANDÉ DES VERS.

A Mlle B****.

Pardonne à mon retard, enfant dont la voix douce,
Cet été, me pria de t'adresser des vers.
Pardonne à la fourmi qui, l'été, dans la mousse,
Butine, intéressée, en songeant aux hivers.
Et tu m'as pardonné, puisqu'aux jours de froidure
Tu me voyais glaner, avide moissonneur,
Au ciel de poésie, aux champs de la peinture
Des épis d'espérance, en gerbes de bonheur.
— Mais encor aujourd'hui, quand ta bouche de rose
Exprime ton désir naïf dans sa candeur,
Le son pur de ta voix dont mon âme s'arrose,
A pour moi le parfum de la plus chaste fleur.
— Hélas ! tu choisis mal ton poète d'hommage ,

Car, il te faut un barde innocent comme toi ;
Et, si tu connaissais mon luth vieux avant l'âge,
Tu rirais de ton choix qui s'abuse sur moi.
Pourtant, tu le sauras : ah ! bien mieux que ton frère,
J'aurais pu découvrir ce doux chantre à ton cœur ;
Ta moindre fantaisie eût été loi sévère,
Et j'aurais tout prévu pour ma petite sœur.
J'aurais donc eu si peur, à l'air infect des villes
D'exposer un enfant beau de virginité,
Que jamais imprimés sur d'autres traces viles,
Tes brodequins n'auraient pris fange à la cité.
Oh ! bien loin de Paris, une franche nature,
Des bois, des prés, des monts, de jaunissants coteaux ;
Des buissons tout fleuris où le ruisseau murmure,
Accompagné toujours par la voix des oiseaux...
Tous deux, de la nature explorer les merveilles,
Tous deux encor voler, capricieux zéphyrs,
Pouvoir cueillir des fleurs, bien plus que les abeilles
N'en ont jamais voulu goûter dans leurs désirs.
Et puis, te voir enfant, jaillir bouillante sève,
T'aimer surtout après, femme ardente d'amour.

. . . .

— Mais, qu'ai-je dit encor ? — Si ton vieil ami rêve,
Enfant, tu souriras de ma chimère un jour !

Paris, 1841.

LE CULTE DU SOLITAIRE.

A Mme F.

Madame, pardonnez au poète en délire,
Si jusque-là, pour vous n'a pas vibré sa lyre;
N'allez pas en penser, qu'admirateur banal,
Il ne vous a déjà dressé le piédestal
Qu'inaugure l'artiste à la forme vivante!
— Oh! non, sachez-le bien : dans sa tête brûlante,
Nuit et jour, vous naissez sa moderne Vénus,
Sous ses chastes baisers frémissent vos pieds nus...
Frissons voluptueux! à vos formes s'il touche,
L'électrique contact vole sur votre bouche;
Et vous, belle houri, l'enlaçant de vos bras,
Lui faites savourer vos nectars d'Allambrahs!
Mais, hélas! c'est un rêve et sa crédule muse
Se berce en ses flots d'or, quand le sommeil l'abuse.
Oh! le réveil est dur, l'esprit épouvanté
Plonge dans les douleurs de la réalité;
Car, à Paris, madame, en ce désert immense,
Où sur l'argent se rue un grand peuple en démence,
— Savez-vous ce que c'est que l'homme abandonné,
Vers qui regard ami ne s'est jamais tourné?
Cet homme seul enfin, rongé de solitude,
Nouveau Faust plongeant au gouffre de l'étude;
Cet homme, voyez-vous, pareil au naufragé,
Ballotté par les vents, par les flots submergé,
Qui se noie; et, croyant s'accrocher à la planche,
N'embrasse que du vide; ou, cramponnant la branche,

Voit l'arbrisseau casser dans ses mains par morceaux,
Veut crier au secours, étouffé sous les eaux.
—Ainsi, meurt l'homme seul,　　　　　Mais à quoi bon ces plaintes ?
Eh bien ! sachez plutôt, vous qu'il prie à mains jointes,
Madone dont il baise en secret les genoux ;
Sachez que de son culte il n'honore que vous
Qu'ardent il vous adore avec idolâtrie,
Félicité ! bien plus que la vierge Marie ! ! !

Paris, 1841.

À HÉGÉSIPPE MOREAU.

SUR SON QUART D'HEURE DE DÉVOTION.

Mon esprit plus fervent pria sur le jubé.

H. MOREAU.

Ainsi que toi mourant, pauvre frère Hégésippe,
Avant que mes lambeaux reposent sous un cippe,
Hélas ! sans doute moins que le tien glorieux ;
Je viens chercher au temple un nard religieux
Un baume salutaire aux saignantes blessures,
Que m'ont fait des humains les haineuses morsures.
Des fils de Babylone au frottement souillé,
Un soir, ton œil croyant de larmes fut mouillé.
J'ignore quel parvis but ta larme pieuse,

Mais la nef où je suis du poëte envieuse,
Avec ses chapiteaux, colonnes, clair-obscur,
Ses lustres aux reflets, et ses vitraux d'azur
Où se joue en tremblant la divine lumière,
Symbole de la foi par laquelle on espère;
Oui, cette nef amie, ô mon frère Moreau,
Pour toi poëte eût fait un miracle nouveau.
Afin de ramener en la chrétienne route
Ton esprit égaré dans le gouffre du doute,
De ses tableaux les Christs, les têtes séraphiques,
Pour toi seul entonnant d'élyséens cantiques,
Auraient fait de ton luth exhaler l'hozanna
Hymne pur que Moïse entendit au Sina.
Pardonne, ami, là-haut, en ta belle demeure,
Si tu l'as éprouvé pendant un seul quart d'heure,
Ce ravissement saint à d'autres ignoré,
Ce croire d'un instant, Paris l'a dévoré.

. . . .

. . . .

. . . .

. . . .

— Si je n'étais au temple, ô mon cher Hégésippe,
Va, je les maudirais! puisqu'adorant leur type,
Ces marbres t'ignorant poëte nouveau-né,
Ont ri de ta misère et t'ont assassiné.
— J'ai dit, mais de prier j'allais oublier, frère,
Je prie, auprès de Dieu, protège ma prière.

A l'église St-Germain-des-Prés, 1840.

A MADAME DESBORDES-WALMORE.

Vers l'âme, et sa lyre divine,
S'il vient onduler une voix
Avec ses senteurs d'aubépine,
Brise embaumée aux fleurs des bois,
Je m'écrie : Oh ! c'est Lamartine !
— Chut ! je me tais... sur le gazon,
Verdoyant tapis de la plage,
M'attachant comme un liseron,
J'ouïs caressant le rivage,
Cette voix dont je bois le son.
Mais, hélas ! il peint un naufrage :
Je vois lutter contre les flots
La barque au modeste équipage,
Où rament tous les matelots ;
Véritable Alcyon qui nage,
Exhalant ses pleurs, ses sanglots :
Vite, vite, la voile sombre,
J'allais plonger à son secours...
—Quel bonheur ! le ciel n'est plus sombre ;
L'azur de l'air aux plus beaux jours
Jette dans l'eau ses teintes d'ombre.
— La vague est calme, et le zéphir
Baise les rubans de la quille,
Du riche pont au bois d'ophir,
Et, dans les yeux de la famille,
Chatoie un iris de saphir :

Et la blonde fauvette Ondine
Égaye le ciel de son chant.
L'aimant de sa voix enfantine
Attire un mât d'or et d'argent,
A pompeuse voile d'hermine,
Coquette barque d'orient.

. . . .

. . . .

Gloire, gloire à cette grande âme,
Au poète au cœur généreux,
Qui verse un bienfaisant dictame,
Et dont la voix vous rend heureux...

Paris, 1840.

A ÉDOUARD PLOUVIER.

Je suerai le matin du travail de mes nuits.

H. MOREAU.

— Tu ne me connais pas ; ta muse conseillère
S'effraie au premier pas de ma jeune carrière,
Et ton cœur tout ému d'audacieux efforts
Voit trébucher mes pieds dans le chemin des forts.
— « Patience, dis-tu, modère ton envie

» De t'élever trop tôt en escomptant la vie !.. »

. . . .

— La vie ! oh ! sais-tu bien comme à son rude emploi,
J'ai fait vœu d'obéir, d'interpréter sa loi ?
— Sais-tu comment un jour, j'entends payer la dette
Que contracte l'honneur du peintre ou du poète ;
— Ce qui fait pardonner autant d'ambition
De se croire un élu pour cette mission ?
— Si tu comprends de l'art la volonté suprême,
Toi, qui veux conquérir l'immortel diadème,
Toi, dont le front déjà s'orne resplendissant
De l'auréole d'or du poète naissant,
Tu ne reviendras plus, de la peur ou du doute,
Me jeter les cailloux au milieu de ma route
Et, tu respecteras ma chimère et mes vœux,
Quand tu vas parcourir ces intimes aveux :
« — Ainsi que tous les arts, la magique peinture
» Demande à ses amants la loi de leur nature :
» Tel, des vallons ombreux ou des arbres épais,
» Aime à rendre l'aspect, la majesté, la paix ;
» Tel autre de l'histoire, embouchant la trompette,
» Charge pour les hauts faits sa brillante palette. »
— Eh bien ! ami, je veux, si Dieu prête à mon cœur
Le courage des forts et le pinceau vainqueur,
Je veux de la patrie et du peuple que j'aime
Chanter et peindre un jour le glorieux poème.
Puissions-nous réussir à semer en tout lieu
L'amour du vrai, du juste et du peuple et de Dieu !

Paris, 1845.

A L'ATHÉNÉE.

AUX FEMMES AUTEURS.

Orateurs, oh! ce soir, votre thèse est fort belle,
Votre verbe doit prendre une forme nouvelle :
Toutes les vérités auront le ton courtois.
— Si quelqu'un négligeait les règles du tournois,
Chevalier dépouillé de l'armure guerrière,
Malheur! Il recevrait blessure meurtrière.
Mais, pour vous, l'athénée en ouvrant son champ clos,
A tous fera glaner des moissons de bravos ;
Et, plus d'un, même ici, grâce au discours de flamme,
Conquerra des baisers sur le gant de sa dame.
— Et moi, qui ne suis point ni paladin, ni preux,
Mais un rimeur obscur de rêves vaporeux,
Apprenant ce combat piquant et plein de charmes,
J'envîrais le héraut qui sonne ce cri d'armes :
« Quelle passe éloquente ouverte aux orateurs!
— Chevaliers, lance haut! salut femmes auteurs!
« — Honneur à tout vaillant qui prend votre défense,
« Et pour vous sur l'écu rompra plus d'une lance. »
« — Mais voyez quelle audace, et plaisante valeur :
Faisant fi de la trompe, au choix d'une couleur,
De celle du progrès que je viendrais défendre,
C'est un seul préjugé que je voudrais pourfendre.
— Pourquoi faire peser sur un sexe si beau
Le doute du pouvoir, qui creuse son tombeau ?
— Combien a-t-il déjà, dans ses serres cruelles

Etouffé des élans, cassé de larges ailes
Qui, si l'ongle crochu n'eût été le plus fort,
Vers un monde nouveau pouvaient prendre l'essor?
— Trop longtemps au néant, aux vagues gémonies,
Doute affreux, tu plongeas des talents, des génies;
Au monopole vil de l'intellectuel,
Progrès, viens proposer un utile duel :
— Viens offrir pour succès une part plus égale
A la femme qui craint de devenir rivale;
Et, lui restituant son lot de royauté,
Pénètre-la surtout de ce mot : volonté.
— Car, de même qu'à l'homme, en sa haute clémence,
Dieu lui fit don aussi du levier de puissance.
— Pour élargir ici les faveurs de ce jour,
Progrès, ajoute encor à ton œuvre d'amour :
— Verse, verse les fleurs d'espérance à la femme
Et fais-la butiner aux vastes champs de l'âme.
Femme auteur, femme artiste, en un monde nouveau
Que pour l'humanité s'allume leur flambeau.
— Filles d'Eve, il est beau d'être polaire étoile,
Éclairez par le verbe, ou le marbre, ou la toile.
— Pourquoi douter de vous, nos modernes Saphos?
— Cueillez vos fleurs plus haut qu'à Cythère et Paphos.
Toute femme qui veut, peut tresser ses couronnes
De l'antique olivier des fortes amazones.
— Vaillantes, vous preniez vos belliqueux ébats,
Aux accents du clairon, aux terribles combats,
Héroïnes aux corps tout parfumés d'arômes,
Sous la cotte d'acier bondissaient vos cœurs d'hommes.
— Eh bien ! enseignez donc aux femmes que leur cœur
Peut, comme vous oser briguer le point d'honneur.

Et versez-leur surtout, de vos âmes choisies,
Les torrents à longs flots des larges poésies,
Dont l'enivrante odeur agitait vos beaux seins,
Rieuses, qui, domptant des cavales sans freins,
Du cothurne pressant leurs fumeuses entrailles
Sur elles affrontiez la mort dans les batailles;
Et vos beaux torses nus roulant du haut du pont,
Vous vous engloutissiez, la gloire écrite au front.
— Guerrières, si la verve au souvenir s'allume,
C'est pour prouver ici que, changeant glaive en plume,
La femme peut toujours s'élancer vaillamment,
Secouant la poussière et l'oubli du néant,
Vers la création, ma plus douce chimère,
Que j'adore le plus après ma bonne mère.
— Orateurs, respectez ma foi sur son autel,
Si vierge elle m'inspire un lai de ménestrel.

1845.

ENTHOUSIASME.

— Comment donc étouffer le feu qui me consume?
Mon front bout et ma tempe est une chaude enclume
Où mes pensers fiévreux frappent à coups pressés.
— Mon vers, jaillis éclair, sans laisser entassés,
Leurs escadrons en choc, déjà trop de guerrières,
Amazones de cœur, aux flottantes crinières,
Ont roulé dans le fleuve à l'oubli consacré.
— Pourquoi le lâche doute a-t-il donc massacré

Des héros que j'aimais chevauchant dans mon rêve,
Quand créer, à l'esprit ne laissait point de trêve.
— O lâche! que je suis! pusillanime cœur,
Me défiant de moi comme orgueilleux penseur,
Mon pinceau n'osait pas puiser à ma palette,
Et, l'histoire insistait, me disant : « Vois Goëthe!
Avant que d'exprimer d'impétueux élans,
Sur sa plume muette, il médita quinze ans.
— Et toi, que sais-tu donc? si jeune! ton audace,
A vingt ans, veut gravir les sommets du Parnasse.
— Appelles-tu génie, un vent de passion,
Qui souffle dans ton être un feu d'ambition?
Ah! crains de t'abuser... » et, dans ma carapace,
Effrayé, je rentrais. — Du feu, la peur en glace
Venait changer mon vers; alors, classiquement
Je disais : « Attendons que vienne le moment;
Toi, qui n'en as pas vingt, attends tes trente années;
Et, lâche, j'accueillais les muses surannées.
Ne tremblons plus, marchons et gravissons sans peur
Mon Hélicon glissant jusqu'au sommet trompeur.
— Oh! maintenant, créons! sortons de l'atonie!
Plus de frayeur, de doute, écoute ton génie :
S'il t'ordonne, obéis, tu n'es que son sujet.
— A sa dictée écris, et peins de premier jet.
— Si je t'ai bien compris, mon guide, mon prophète,
Partout je te suivrai, même jusques au faîte
De tes ascensions, mon hyppogriffe ailé,
Emporte-moi souvent vers le cintre étoilé.
Quand les anges m'auront souri sous la coupole,
Dis-leur de me garder, donne-moi l'auréole
Qui flambe au-dessus d'eux; mais trop ambitieux,
Ne va pas me punir en m'arrachant des cieux.

6

INTÉRIEUR.

A Mme ET M. R^{*****}.

S'il est un nom charmant de mère de famille,
Oh! dites? — N'est-ce pas le doux nom de Camille?
— Tendre épouse, attentive auprès du bon docteur,
Elle fait rayonner un attrait enchanteur.
Lorsque lui, studieux, cherche avec confiance
A creuser son sillon au champ de la science,
Disciple d'Hyppocrate, Archimède et Newton,
Elle, fée-ouvrière, à la laine, au coton
Applique son aiguille; et, de sa main habile,
Tisse pour l'indigent un vêtement utile...
— Dieu touché des liens de ce couple béni,
Leur envoya jadis une chère Nini;
Puis, un mutin enfant que le père surnomme
D'un titre glorieux, du titre de brave homme.
Ah! quand je les vois tous près de Rose aux vieux ans,
Berçant un nouveau-né dans leurs embrassements,
Je m'écrie en voyant cette petite fille :
C'est l'ange de bonheur pour la bonne famille!...

Mai 1851.

A CLARISSE.

Si vous saviez, si vous saviez, madame,
Quel feu constant brûle pour vous mon âme,
Vous plaindriez mon amour éperdu...
— Hélas ! hélas ! que de flamme ravie,
Et que d'ivresse et de bonheur perdu,
Pauvre Tantale, excitent mon envie !
— Pourtant ! mon Dieu ! si de votre bon cœur,
Pour moi, sortait une douce parole,
Ah ! je serais le plus heureux vainqueur ;
J'adorerais en vous ma belle idole.
— Dans votre amour, ô splendide beauté !
J'inspirerais ma plume et ma palette....
Si du talent, un jour la royauté,
A mon courage offrait une conquête,
Je vous dirais, embrassant vos genoux :
Prenez, prenez ma modeste couronne ;
Merci ! merci ! Clarisse à l'œil si doux,
Je vous adore, ainsi qu'une madone !

1840.

AU DOCTEUR PIORRI ET A MON ONCLE H.

Ton courage, cher oncle, à l'amère souffrance
Résiste, et se retrempe au foyer de ton cœur.
Patience ! bientôt notre vive espérance
D'une santé prochaine appelle le bonheur.

Quand des mains du savant, salutaire dictame,
Le baume aura guéri tes cuisantes douleurs,
Nous sentirons trembler tous au fond de notre âme
Une ivresse, un délire, et de magiques pleurs.

Oui, ces larmes de joie, en perles de rosée,
Vont briller à nos yeux, fortunés diamants,
Et la main du sauveur de leur goutte arrosée
Sera bénie au fond des cœurs reconnaissants.

Telle on voyait naguère
En un fécond parterre
Une plante gémir.

C'est qu'aux mains ignorantes,
Toujours hommes et plantes
De peur doivent frémir.

Tout à coup, enhardie
De voir sa maladie
Prendre un vrai protecteur ;

Sur sa tige ravie
Vint sourire la vie
Due à l'horticulteur.

Et celle dont la tête
S'inclinait inquiète,
Se releva soudain.

Sa sève ranimée
Refleurit embaumée
Sous la savante main.

Paris, 1846.

HOMMAGE A MADAME ***.

SONNET.

On dit que dans ......, l'ombre de l'anonyme
    Voila plus d'une lâcheté;
Qu'une encre empoisonnée a commis plus d'un crime
    Sans signer le pli cacheté.

Eh bien ! moi, je voudrais (contre l'infâme usage),
    Vous écrire avec loyauté,
Vous faire un compliment et rimer un hommage
    A votre splendide beauté.

Je voudrais, je voudrais vous vouer en mon âme
   Culte fervent, sincère ardeur;
Vous dresser un autel, ô poétique femme!
   Pour adorer votre candeur.

Et je voudrais aussi dans votre âme ravie
   Faire germer, épanouir en fleur
L'amour, ce talisman qui préserve la vie
   Du chagrin et de la douleur.

. . . .

— Mais, je ne puis, hélas! éblouissant mirage!
   Me bercer d'un rêve trompeur......

. . . .

A chacun ici-bas, son destin en partage :
   — A moi tristesse. . . . . . .
      — A vous, BONHEUR !

        Janvier 1842.

A Mme D. G...

A PROPOS D'UN PROVERBE.

I.

Quand la presse aux cent voix m'apportait l'autre soir
La nouvelle du jeu d'un délicat proverbe,

Aussitôt allumant mon obscur encensoir ,
J'invoquais Apollon , dieu du lyrique verbe :
« Delphine , à vous triomphe , ai-je crié du cœur
» A l'oreille de Pan qui sait la chaste flamme
» Que je nourris pour vous , ô poète vainqueur !
» Comme un feu de Vesta sur l'autel de mon âme ! »
Et les divins bergers , les maîtres du soleil
Ont exaucé mes vœux de la nuit à l'aurore,
En cueillant du doux mai le bouquet sans pareil
Pour orner votre sein par le doigt blanc de Flore !...

II.

Ah ! glanez des succès, muse au splendide front !
Melpomène et Thalie à vos vers souriront,
Vous nommeront leur sœur dans notre jeune Athène
Et , par votre talent illustreront la scène.
Vous, et George la brune , autre plume au bec d'or,
En sublimes Saphos reprenez votre essor ,
Ne vous arrêtez pas dans l'illustre carrière ,
Vous après le proverbe , elle après son Molière ,
Après pauvre Claudie (une larme du ciel) ,
Dans la ruche de l'art distillez d'autre miel.
— Mais , de grâce , abordez le terrain prolétaire ,
Remuez , remuez la fibre humanitaire ,
Le vieux monde n'est plus : tous ses héros sont morts.
Place aux soutiens du peuple ! ils seront les plus forts !

1851.

A ADÈLE.

Quand sur le front tendu , voltigeant par l'étude ,
Le rêve vient poser , dorant ma solitude ,
    — Si vous saviez , ma sœur !

Si vous saviez comment , sur l'existence amère ,
Le menteur, de son aile en versant la chimère ,
    Vous blesse après , le cœur !

. . . .

. . . .

Car, il m'a dit souvent, en effleurant mon âme,
Qu'en vous je trouverais le plus sacré dictame,
    Pour calmer la douleur :

Que je pourrais jeter en votre pure vie ,
Un parfum de bonheur, à pouvoir faire envie
    A la plus belle fleur.

Pauvre poëte obscur, au prisme des merveilles ,
Je voyais fondre alors la glace de mes veilles
    Sous un foyer menteur.

— Puis, mirage trompeur ! avec un doute étrange ,
Les yeux sur vos grands yeux : N'êtes-vous pas un ange?
    « Oh ! répondez, ma sœur? »

Soudain, vous échappiez à ma chaude caresse,
Aiguillonnant l'ardeur de mon élan d'ivresse
        D'un sourire enchanteur.

Mais, je vous retenais, vous enlaçant rétive...
Sous mes colliers étroits de baisers, ma captive,
        Pâmait votre rigueur.

Délices d'un moment! d'un regard de mystère
Je vous interrogeais; car, pour moi sur la terre,
        C'était trop de bonheur!

Mensonge! le fantôme envolé vers la nue,
M'a laissé contempler ma solitude nue,
        Compagne du malheur.

Et nous aurons passé, sans amour, froide Adèle,
Si vous riez toujours de mes désirs, cruelle,
        Soyez plus que ma sœur!

                        Paris, 1840.

_____

A Mlle B...

Oh! pourquoi l'an passé, vous, la reine des belles,
Deviez-vous embraser mes avides prunelles?

. . . .

— Oui, c'était l'an passé, mes vingt ans accomplis
Étaient vierges d'amour, aussi purs que des lys.
Mais, enfant déjà vieux, appris à la misère,
M'étant fait orphelin loin de ma bonne mère,
Isolé, malheureux, ulcéré de douleurs,
Attisant mes pinceaux et mes vers de mes pleurs;
De ce tourment sans fin pour délier la trame,
A Dieu je demandais une sœur pour mon âme;
Hélas! dans ma candeur, n'étant point écouté,
Pardonnez ce blasphème, ô mon Dieu! j'ai douté.

. . . .

Lors, je vous vis, ô vous, et soudain ma paupière,
Grâce à vous, de la foi reconquit la lumière.

. . . .

Insensé! j'espérais, au tombeau de mon cœur,
Pouvoir ensevelir ma passion en fleur.
— Non, jour et nuit rêveur, d'une aile caressante,
Mon sylphe s'abaissait près de sa belle amante,
Qui lui disait avec un sourire envirant:
« Pour vous, pour votre mère et pour moi, soyez grand!
» La poésie est reine: oh ! soyez roi, poète! »
Et ma fée aussitôt animant la palette,
Faisait pleurer la toile avec le feu sacré,
Colorant l'avenir d'un nuage doré.

. . . .

. . . .

Hélas! si j'ai longtemps au prisme des chimères
Réchauffé la froideur de mes veilles austères,
Je ne m'abuse point, je vois clair sous mon ciel;
Et, si j'ai soupiré le lai du ménestrel,
J'ai chanté sans penser aux chaînes de souffrance

Enlacer quelques grains ou perles d'espérance.
— Peut-être rirez-vous de ces jeunes aveux,
Peut-être aussi, ces vers, pour vous, trop faible hommage,
Ces enfants d'une veille, et qui brûlent la page,
Serviront à boucler vos longs cheveux soyeux.

2 mars 1841.

AVANT UNE PROMENADE A NEUILLY.

A Mme J.

Merci, car vous avez accompli vos promesses,
Merci pour la faveur de vos bonnes princesses;
Et, comme je l'ai dit: sur la foi du permis,
Loin d'amener l'essaim des prétendus amis,
Couple uni par l'espoir, modeste tête à tête,
Elle une jeune artiste, et lui pauvre poëte,
Sitôt que le soleil essuîra le chemin,
Nous partirons tous deux en nous donnant la main.
Ce jour-là, voyez-vous, déjà ma joie en brille,
Fier d'avoir à mon bras la blanche jeune fille,
Serrés l'un contre l'autre, écoutant notre cœur,
Moi, j'aurai dans les yeux un trésor de bonheur.
— Tant mieux pour le permis la saison de froidure,
Car, aux jours de printemps, préférant la nature,
La faveur nous ouvrant les grilles du château,

Nous l'eussions oublié près de quelque ruisseau :
Elle l'accompagnant avec sa voix si douce,
Et moi l'interrompant pour lutter sur la mousse.
Puis, volant des baisers sur son front virginal,
Le ciel nous eût ouvert son domaine royal.
— Mais, de nouveau, merci de la faveur flatteuse :
Promenade au château pour la belle frileuse...
Or, ne vous étonnez si nos esprits jumeaux,
Vont négliger le reste à ne voir que tableaux...
A la toile magique un même œil s'illumine ;
Le génie est pour nous la plus féconde mine.
Et si l'art nous promène en son divin vallon,
Nous voudrions trouver le plus mince filon,
Pour verser cet or pur à nos chers père et mère,
Fiers de réaliser ce qu'ils nomment chimère
L'illusion coquette aux inconstants souris,
Que nous promènerons sous vos royaux lambris,.

Paris, 1842.

A ADÈLE.

Paladin sans espoir, j'appelais une dame,
Dont la main relevât mon courage abattu,
Et qui, lorsque j'aurais vaillamment combattu,
Eût réchauffé mon cœur au foyer de sa flamme.
— J'allais porter partout mon culte extravagant ;

Aux yeux noirs, aux yeux bleus je cherchais l'étincelle :
Pauvre preux, je voulais conquérir une belle,
Mais pas une, à baiser ne me donnait son gant.
Aussi, désespéré, je battais la carrière,
Quand tout à coup, ô ciel ! à mes yeux vient s'offrir,
L'ange qui tend la main, et dit : pourquoi mourir ?
— « Oh ! reprends, mon enfant, l'héroïque bannière. »

. . . .

— Ma dame, donne-moi bien vite ta couleur,
Qu'elle flotte et flamboie avec la banderole.
Je vaincrai, je vaincrai, puis, sur ton front rêveur,
Mes lauriers verdoyants feront une auréole.

1842.

A M. GALIMARD.

LES LARMES DU SYLPHE.

Si mon sylphe vous fit attendre son hommage,
Oh ! vous pardonnerez à ce pauvre volage.
Car, son aile souvent déployée au zéphyr
Aime à mirer sa plume aux perles de saphir,
Aux gouttes de rosée échappant de la nue,
Où baigne avec amour son âme toute nue.
Et celle-ci, souvent, loin du limon impur,
Cherche à fendre en son vol la coupole d'azur.

Alors, oh ! c'est le ciel, mais le ciel sans nuage.
— Un jour, vous le savez, dans le cours du voyage,
Elle vous rencontra, vous belle âme de feu.
Heureuse, vous voliez vers le trône de Dieu,
Vous suiviez en chantant les célestes phalanges
Et vous pouviez ouïr le doux concert des anges.
Mais, voyant les lauriers dont votre front est ceint,
Mon œil put découvrir le privilége saint,
Qui vous faisait gravir cette échelle bénie,
Dont divers échelons marqués pour le génie
Portaient près du Très-Haut les héros triomphants,
Ceux que son cœur choisit parmi tous ses enfants.
Chacun portait au front l'effigie ou l'emblême
Du titre explicatif sur un beau diadème :
La lyre, la palette, ou le ciseau tranchant;
Et tous mêlaient leurs voix en un sublime chant.
Alors, voulant sur vous éclairer ma pensée,
Je lus : Nausicaa, page de l'Odysée,
Et je vous demandai : puis-je aussi m'élever?
— Courage ! avez-vous dit... je me pris à rêver....
Mais, pauvre sylphe obscur, caressant ma chimère,
Que mérité-je? Rien. Puis, songeant à ma mère,
Mon bon ange, ici-bas, qui calme mes douleurs...
Pour elle rien encore.... Et, je versai des pleurs....

Paris, 1840.

A M. DELAROCHE.

Grand maître, à vous merci, votre sollicitude
    A daigné m'accorder une insigne faveur;
Grâce à vous, je puis donc retremper dans l'étude
    Mes fatigues d'esprit et mon vide de cœur.

Oui, mon vide de cœur, j'en ai fraîche mémoire :
    Avant qu'il fût terni par trois ans de Paris,
Il arrivait bien gros de beaux rêves de gloire,
    De tant d'illusions, tous maintenant détruits.

Et mon âme, en partant, dans sa fraîche corolle
    Emportait un parfum si virginal, si pur,
Qu'à mon enthousiasme, à mon ivresse folle,
    Ma mère avait des pleurs dans ses grands yeux d'azur.

« Pauvre enfant, disait-elle, oh! je plains ta chimère;
Vois ton père, ta sœur, oh! reste auprès de nous,
— Oh! l'avenir est grand, ton poète, ma mère,
Un jour, pourra verser la gloire à tes genoux :
Un baiser, mère, adieu! je pars. — Fils, espérance,
Me dit-elle en pleurant; pour toi, je prierai Dieu;
Prions-le, mon enfant, puisque son assistance
Jamais ne fait défaut. Courage, enfant, adieu! »
  . . . .
  . . . .

    Et je partis, jeune et plein d'âme,

Pour la grand'ville, en pèlerin ;
Tout arrosé de pleurs de femme,
Longtemps suivi d'un œil chagrin.
Puis, orphelin de la nature,
Dans la Babylone aux cent tours,
Deux sœurs, poésie et peinture
M'enflammèrent d'ardent amour.

. . . .

— Maintenant, vous avez de ma naïve histoire
Lu mainte feuille écrite avec l'encre des pleurs.
Et, si la poudre d'or de mon urne illusoire
S'est déjà répandue aux brûlantes douleurs ;
Oh ! je resterai pur, les ailes des poètes
Vont tomber plume à plume en des mains de méchants ;
Mais ils sont toujours purs et, quand ils ont des dettes,
Les cœurs reconnaissants s'acquittent dans leurs chants.

Paris, 1840.

A ÉLISA.

DANS LE ROLE DE GIOTTO.

O toi, qui tous les soirs touché par la baguette
De notre fée à tous, la reine des beaux-arts,
La peinture, ta sœur la divine Rosette,

— Giotto, pourrais-tu, quittant tes boulevarts,
Négliger Zerlina la belle de tes belles,
Dont l'oubli pour la gloire est venu t'embraser...
Pourrais-tu faire trève à tes sept beaux modèles
Et pour tes traits chéris nous revenir poser ?

Paris, 1847.

A THOMAS COUTURE.

SUR LES ROMAINS DE LA DÉCADENCE.

Courage, honneur à vous, maître, votre peinture
Des beaux siècles de l'art rallume le flambeau.
— Tout Paris s'écrira, voyant votre tableau :
« Gloire au peintre français, au génie, à Couture! »

Paris, 1846.

LE TRAVAIL.

ODE.

> Le travail est mon Dieu, lui seul nourrit le monde...
>
> VOLTAIRE.

Le travail n'est point pénitence,
Comme des prophètes menteurs
Le disaient au peuple en enfance,
Dans leurs préceptes imposteurs.

Le travail est une prière
Qui plaît au cœur de l'éternel;
Tout travailleur en sa carrière
Gagne son amour paternel.

C'est le travail qui sanctifie
Les êtres les moins fortunés,
Et c'est lui seul qui purifie
Les hommes les plus gangrenés.

Il chasse les vices, les crimes
Que fait naître l'oisiveté,
Il produit les vertus sublimes,
Il anoblit la pauvreté.

Travaille donc, peuple de France,

Et tu seras un jour vainqueur
Du lourd fardeau de l'ignorance
Qui brise l'élan de ton cœur.

Tu fuiras ainsi la misère
Qui mord le flanc de l'indigent;
Ton sort, un jour, sera prospère
Par le noble emploi de l'argent.

Souviens-toi qu'en son infortune
Il faut soulager le prochain.
Jamais Lazarre n'importune
L'œil et le cœur d'un vrai chrétien.

Mais, vous tous qui d'une main ferme
Voulez tenir le gouvernail,
Du mal vous couperez le germe
En organisant le travail.

Et votre nom béni sur terre
Ira vers la postérité,
Pour avoir dit à votre frère :
« Plus de vile mendicité ! »

. . . .

Le travail n'est point pénitence
Comme des prophètes menteurs
Le disaient au peuple en enfance
Dans leurs préceptes imposteurs.

Ligugé, 1852.

AUX JEUNES POÈTES QUI VEULENT VOIR CHATTERTON.

Frères, si pour mirer vos jeunes poésies
Vous croyez rencontrer d'autres âmes choisies,
Sachant interpréter un talent malheureux,
Ne vous y trompez pas, désabusez vos yeux,
S'ils espèrent le soir sur la foi d'une affiche
Arracher quelques pleurs à votre âme si riche.
— Ainsi, quand vous verrez Chatterton annoncé
Demeurez ; — car, déçu, vous seriez courroucé
De voir ces hommes vils, ces lourds blocs de matière
Par coutume venant bâiller à la lumière.
A tous ces gros repus de champagne et de rhum
Qu'est-ce un drame pour eux, sinon leur opium ?
Et même ! du moral ces acteurs interprètes,
Ne s'émeuvent le cœur qu'au son de leurs recettes :
O mes frères ! craignez cette déception ;
Tenez, moi-même un soir, trompeuse émotion !
J'y pleurai... je croyais au cri du cœur d'élite
De la bonne Ketty !... Mais depuis, l'hypocrite
M'apprit à mépriser son masque au fard menteur.
— Croyez-vous qu'en voyant mourir le jeune auteur,
L'infâme éprouverait la douleur qu'elle joue ?
— Non ! pas même une larme à ce vieux corps de boue.

A ALIDA.

Lorsqu'un vert réséda
Ne boit plus l'onde fraîche,
Sur sa tige il se sèche,
Ainsi meurt Alida.
Si la fleur qui s'étiole
A la brise du soir,
Sur sa pauvre corolle
A goûté l'arrosoir,

Au magique baiser vous la verrez renaître....

. . . .

Ainsi, pauvre Alida, votre cœur est fermé.
Pour qu'il s'ouvre, hâtez-vous, mon enfant, de connaître
La manne d'un amant qui n'aura pas aimé.

Paris, 1844.

A ADÈLE.

Tu demandes des vers à ma plume écolière,
Des vers, des vers pour toi qui jures par Molière!
— Tu veux forcer ma rime à pouvoir obéir
A ce vague caprice, à ce fréquent désir :

— Eh bien! va, tu perdras, ta commande illusoire
N'aura pas grand succès, écoute cette histoire :

. . . .

C'était pendant l'hiver, un pauvre amant des arts,
Victime de ses goûts, après bien des écarts,
Depuis un an, maudit loin du toit de son père,
Isolé dans Paris, promenait sa misère...
— Ainsi qu'un voyageur, en de rudes sentiers,
Las de fouler la ronce, aux roses d'églantiers
Sourit, est tout joyeux, n'a plus de lassitude;
— Ainsi, d'un vain espoir consolant son étude,
Au désert de Paris il espérait trouver
L'ange tant convoité, celui qui fait rêver!..
Cette femme au cœur d'or que Dieu toujours envoie,
Soutien dans le malheur, compagne de la joie!...
— Mais il dut bien longtemps gémir, désespérer,
Lui, dont le cœur brûlant avait soif d'adorer!..
Que de fois égarant son inconstante flamme,
Il pleura sa méprise et chercha cette femme!..
— Enfin, mourut l'hiver, avril tout blanc de fleurs
Vint odorer son âme, apaiser ses douleurs.
Ce fut vendredi-saint, divin jour de souffrance,
Qu'il crut pouvoir chanter l'hymne de délivrance.
Mais le bonheur n'est pas même pour les amants,
Il faut à chaque pas ne heurter que tourments!..

. . . .

. . . .

Celle que j'appelais pour rompre ma détresse,
La compagne du cœur, poétique maîtresse,
Mon Adèle pour qui j'écris ces faibles vers,
Déja depuis cinq ans partage mes revers...
Nous avons bien lutté, bien vieilli sur la toile!..

Oh ! quand donc de la gloire apercevant l'étoile,
Comme dans Bethléem les croyants d'autrefois,
De ce messie alors, salûrons-nous la voix ?

26 janvier, 1842.

A CLÉMENCE.

> Que j'en ai vu mourir, hélas ! de jeunes filles....
> VICTOR HUGO.

Son œil noir était vif, et sa bouche rieuse
Faisait briller ses dents en perles de blancheur ;
En voyant resplendir la joie et la candeur,
On lisait sur son front : O Dieu ! qu'elle est heureuse !

Oui, rien n'avait encor troublé tes doux instants,
Jeune vierge au cœur pur, du lys vivant emblême ;
Sur ta tête, on eût pu, comme un beau diadême,
Écrire avec des fleurs ces mots : Seize printemps.

Folâtre, tu suivais les pas de Terpsichore,
Tes jeunes pieds rêvaient devant Taglioni ;
Et, parfois, ton gosier, d'une note sonore,
Vibrait comme un écho de Diva Persiani.

La romance du saule exhalait tous les charmes
De ta voix enfantine ; et, ton vrai sentiment,
Avait dans Rossini puisé l'âme et les larmes
Que pleurent Desdémone et son jaloux amant.

on Dieu! qui pouvait dire : une si fraîche vie,
entôt, va se faner comme une faible fleur
Qu'un coup de vent emporte, et qui tombe ravie
Par le courant du fleuve, au murmure enchanteur.

Hélas! c'était l'automne, et la feuille jaunie,
Arrosa les bosquets et la nature en deuil.
Pauvre Clémence! alors, sonna ton agonie....
Nous te vîmes descendre au lugubre cercueil.

Ainsi, la noire mort d'une aveugle faucille
Tranche roses et lys, éteint les plus beaux jours....
. . . .
— Et maintenant, croyez, rieuse jeune fille,
Croyez donc au bonheur, et rêvez-le toujours.

Espérez. . . . car, la mort aux coupes d'innocence,
Versera le poison, l'amertume et le fiel,
Fermera vos beaux yeux comme ceux de Clémence,
En vous disant : bel ange, envolez-vous au ciel!!..

                                        1851.

A MADAME D.-W.

Muse cédons aux cris de la reconnaissance.
                                    GILBERT.

Avant que d'arriver à la terre promise,
Sur l'aride désert soudain souffle une brise

Qui rend l'espoir au cœur de l'enfant d'Israël.
Il ne s'est pas trompé, car la manne du ciel
En grésillant tomba. Par la blanche rosée,
Le peuple de Moïse eut la faim apaisée,
Et, les mains vers son Dieu, chanta reconnaissant.
Et moi, remerciant le cœur compatissant
Qui calme la souffrance, et verse de son âme
La pitié dont l'amour pétrit un cœur de femme,
Je vous dirai : merci ! — qu'un bonheur toujours pur,
Remplisse vos longs jours de vermeil et d'azur.

Paris, 1841.

A ZIÉGLER.

Enfant, me confiant aux saintes paraboles ;
Du Christ consolateur ayant cru ces paroles :
« Qu'un verre d'eau pieux un jour serait compté,
» A celui qui donna malgré sa pauvreté ; »
Une bible pour sœur à mon âme vestale,
En pèlerin je vins vers cette capitale.
— Le corps bien las, ce fut à l'approche du soir
Que j'arrivai. — Voyez le voyageur s'asseoir.
Mais avant que d'entrer, de secouer la poudre,
Une voix solennelle, au fond du cœur vint sourdre ;
C'est la réalité, l'oracle des malheurs
Qui prédit la misère..... et le sol but mes pleurs.
« Pauvre enfant, me dit-elle, à ta belle nature,
» A tes champs, va, retourne ; éloigne la peinture,

» De tes rêves de gloire et d'immortalité.

» Va, reste toujours pur dans ta simplicité. »

— Mais moi, sans écouter cette voix prophétique,

Je me pris à sourire…. une voix poétique,

Douce voix d'espérance à mon cœur murmura :

— « Va, tu seras bien plus heureux que Lantara! »

. . . .

Et l'oreille charmée au chant de la Sybille,

Poétisa l'écho du fracas de la ville.

Mon œil extasié vit ce Paris fumant ;

Bientôt, j'allais plonger dans ce gouffre écumant,

Géant qui revêtait sa brume épaisse et noire.

J'entrai, jamais désir plus ardent de la gloire,

Ne vint battre ma tempe, et dès le premier jour,

A l'Éternel mon cœur chanta l'hymne d'amour.

C'était d'un chaste enfant la naïve prière,

C'était le premier pas dans la belle carrière !

Hélas! l'enthousiasme au mirage trompeur

M'abandonna bien vite, et, seul dans la torpeur,

Plus seul qu'un orphelin je dépensai ma vie

A voir à mes pensers toute gaîté ravie.

Mais cela n'était rien, sous ce ciel inhumain,

Il fallait qu'à mon corps manquât aussi le pain.

Car toujours la misère au fielleux calice,

Abreuve un malheureux marqué pour son supplice.

Et tu sais, ô mon Dieu ! si j'ai longtemps souffert,

Si j'ai pleuré souvent en songeant à Gilbert;

Je n'ai jamais maudit; mais, fort de ta clémence,

J'attends toujours, seigneur, la fin de *ma souffrance*.

Paris, 1846.

A VIGUIER.

Ta douleur, pauvre père, et ton cœur, à mon âme
      N'ont pas en vain parlé.
— Aux époux désolés, à la mère, à la femme,
Je viens verser les fleurs que la tombe réclame
      Pour un ange envolé!...

Que n'étais-je avec vous, quand, du fond des entrailles
      S'échappaient vos sanglots!
J'aurais mêlé mes pleurs aux pleurs des funérailles,
(Comme l'airain se mêle au clairon des batailles),
      Comme la vague aux flots!

Mais, si l'enfant chéri bercé des harmonies
      Des Gluck et des Mozart,
Rossini, Beethoven et de tous les génies;
Si votre jeune fils échappe aux gémonies,
      Cruel enfer de l'art;

— Consolez-vous, son âme a suivi les phalanges
      Au cœur vierge de fiel;
L'artiste de la terre a dépouillé les langes,
Pour voler en chantant avec le chœur des anges
      Aux campagnes du ciel.

Courage, pauvre père! oh! reprends ta palette,
      Ne désespère pas.
Le travail et la foi, dictames du poète,

Apaisent tous les maux, éloignent de la tête
      Les ombres du trépas.

O courage ! à vous deux que la déesse noire
      Vient inonder de deuil....
Pour calmer les regrets frissons de la mémoire,
Sachez que votre artiste, auréole de gloire,
      Revit loin du cercueil.

A MA MÈRE.

Depuis un an, sans cesse, et le jour, et la nuit,
A toute heure, un remords de son ombre me suit.
Cauchemar incarné, sa voix me dit sans cesse :
Si ton père et ta mère étaient dans la détresse,
S'ils mouraient loin de toi, n'ayant pas, pauvre enfant,
La bénédiction de leur dernier moment,
Sans que ta mère en pleurs, sous ta lèvre brûlante,
Sentit son cœur revivre à ta voix consolante;
Et, si ton pauvre père allait aussi mourir
Loin de son fils aimé privé de son soupir...
Oh ! lorsque ces pensers se heurtent dans ma tête,
Ingrat ! me dis-je alors, hâte-toi donc, poète,
De couronner les fronts de tes êtres chéris...
Oh ! devance le temps, triomphe en tes écrits...
Que mon père et ma mère, à leur nom glorieux,
Me baisent tendrement des pleurs de joie aux yeux.
— Et toi père au grand cœur, ton sublime courage

M'a donné l'énergie, a mûri mon jeune âge :
Et toi mère sensible, en tes généreux flancs,
Tout ton être divin m'a transmis ses élans ;
Mère qui m'a bercé, la meilleure enfant d'Ève,
Du bonheur, ici-bas, j'accomplirai ton rêve.
Sur mes frères pieux mes anges descendront...
Tous deux, ma sœur et moi nous baiserons ton front.
Mais ce bonheur du ciel, pour que je le mérite,
Laissez germer mon âme en sentiments d'élite.

Paris, 1840.

LASCIATE SPERANZA.

> Tout seul et j'ai vingt ans.
> DOVALLE.

Oh ! si vous pouviez lire au fond de ma pauvre âme,
Vous y verriez l'amour y pétiller en flamme.
— Pourquoi ? mon Dieu, pourquoi ? ne le savez-vous pas ?
Quand vous voyez mes yeux dévorer vos appas,
Quand ma tête alourdie à votre aspect rayonne,
Quand un sang de vingt ans en mes veines bouillonne,
Quand l'iris fait percer un désir amoureux ;
Enfin, lorsque tout l'être au cri de la nature
Demande à s'épancher dans une autre âme pure,
Et qu'un seul mot de vous pourrait me rendre heureux !

. . . .

— Mais ce mot ne sort pas de votre bouche aimée,

Qui, dans mes rêves luit comme un brillant camée,
Entr'ouvrant à demi ses lèvres de carmin,
Où la dent fait neiger sa blancheur de jasmin.
Non, ce mot de bonheur ne la fait pas sourire.
Pourtant! mon ange aimé, vous savez mon délire,
Vous voyez mon amour adorer tout en vous...
Tous ces riens pour autrui, comme j'en suis jaloux!..
Un geste, un son de voix, un petit pied qui pose,
Un rapide coup d'œil, une paupière close,
Sous un col modelé votre épaule aux tons blancs,
D'où descend le satin pour se draper aux flancs.

.   .   .   .

Oh! pardonnez ici cette vive peinture;
Mon pinceau ne voudrait qu'ébaucher la nature.
Un cœur franc parle vrai, sans rien poétiser,
Jamais premier amour ne sut se déguiser.
Mais à quoi bon, hélas! vous dire que j'endure
Les tourments du désir, trop saignante torture,
Désert brûlant du cœur appelant l'oasis,
L'oasis de l'amour semé de vos souris.
A quoi bon me bercer d'une vague chimère
Qui fait germer au cœur une souffrance amère?
A quoi bon vous crier lorsqu'arrive la nuit,
Que tout seul ici-bas, je vous pleure sans bruit?
Si parfois l'espérance embellit ma misère,
Pensé-je à toi Gilbert, à toi Moreau mon frère?
Je me rappelle au moins qu'un talent enchanteur
Vous gagnait des instants, des éclairs de bonheur.
Mais moi qui, pour jaillir éclatante étincelle,
N'attends qu'un mot du cœur pour déployer mon aile,
Savez-vous quel espoir console mes douleurs?
— Celui de lui vouer mes travaux et mes pleurs!

Elle, hélas! songe-t-elle à ce grand sacrifice?
Boire de l'art divin le plus amer calice!
Espérer et douter, pas une douce voix
Qui chante : — « Mon ami, devenez grand pour moi. »
— Ah! si je l'ouïssais!.. —Elle! et Dieu ma puissance!
Vous verriez!.. — Malheureux! encor de l'espérance!

Mai 1840.

A ESSLER

Quand des rivaux jaloux brûlent pour vous leur flamme
Et viennent vous la peindre en langages divers,
Essler, vous que l'amour de tant de feux réclame,
Essler, puis-je trouver aux replis de votre âme
Un petit coin pour moi, mon amour et mes vers.

Ne me refusez pas cette unique espérance,
Vous, si grande de cœur, si noble dans vos dons;
Vous n'oserez blesser tant de reconnaissance,
Vous n'irez pas changer de l'ivresse en souffrance,
En la faisant languir par de durs abandons.

Paris, 1842.

PARIS.

ODE.

Nul ne sait : question profonde !
Ce que perdrait le bruit du monde
Le jour où Paris se tairait.

VICTOR HUGO.

Aimons Paris, car c'est son âme,
Reflet de la divinité,
Qui couve l'éternelle flamme
De l'immuable vérité.

De tous les côtés de la France
Viennent rayonner les talents
Dans cette Babylone immense,
Ruche vivante aux larges flancs.

Paris, c'est la tête du monde
Qui dirige les nations ;
C'est le cœur où l'amour féconde
Toutes les nobles passions.

Aussi quand Dieu veut faire éclore
Un progrès pour l'humanité,
C'est à Paris qu'il l'élabore,
Paris le centre, l'unité !

Les penseurs y viennent en foule,
Et dans ce creuset plein de feu,
A leur idée ils font un moule,
Puis ils la fondent devant Dieu.

Alors, formules et systèmes
S'échappent des puissants cerveaux ;
Les savants sondant leurs problèmes,
Font voir des horizons nouveaux.

Ils asservissent la matière
Docile à nos moindres efforts,
Et partout la nature entière
Obéit aux bras les moins forts.

Les éléments dans leur empire
N'ont plus de mystère aux humains ;
Leur puissance meurt ou respire
Au gré des plus débiles mains.

Déjà l'eau, le feu ; les fluides,
L'électricité, la vapeur
Vont trouver de plus vaillants guides
Qui transformeront leur moteur.

Non-seulement, toute science
Creuse en ton sein nombreux sillons,
Paris, ta vaste intelligence
Répand au loin tous ses rayons.

Tes philosophes, tes poètes,

Tes artistes au front rêveur ;
Dans leurs livres, sur leurs palettes
Promettent un monde meilleur.

Aussi toujours prêtant l'oreille,
L'Europe écoute les accents
De ta grande voix, voix pareille
Au long bruit des flots mugissants.

Paris ! grand Océan du monde !
N'as-tu pas le flux et reflux,
Où les peuples ainsi que l'onde
Viennent rouler le fiat lux ?

N'es-tu pas aujourd'hui l'élue
Que le Très-Haut, dans ses desseins,
Réserve pour la bienvenue
Des croyants, apôtres, ou saints ?

Bientôt, par toi régénérée,
La vieille âme du genre humain,
De la morale vénérée
Tracera le plus beau chemin.

Tu feras vivre les symboles
Et tous les principes sacrés...
Tu renverseras les idoles
Et les méchants aux cœurs tarés.

Car, il est temps, sainte colère !
De soulager tes bras flétris...

D'ôter épines et suaire
Dont tes membres sont tout meurtris.

Travaille donc, Paris sublime,
Élabore l'œuvre immortel,
Et que ce chant, comme à Solyme,
Puisse vibrer sur ton autel !...

. . . .

Aimons Paris, car c'est son âme,
Reflet de la divinité,
Qui couve l'éternelle flamme
De l'immuable vérité !...

Ligugé, 1852.

DANS LE BOUDOIR D'ADÈLE.

Cénobite, jadis dans le sombre vallon,
Tu voulais sur la ronce écorcher ton talon...
Lâche apôtre laissant discipline et rosaire,
Aujourd'hui tu saisis le luth d'or du trouvère...
— Oh ! crains d'efféminer ton viril Apollon.
Tu prétends conquérir la palme triomphale,
Mais la force n'est pas dans le génie humain ;
Hercule va filer sur les genoux d'Omphale ;
Sa massue, à présent, est quenouille en sa main.
— Et toi, tu viens chercher en ce doux gynécée

La manne de l'amour pour ta faible pensée :
Aux arômes de femme, oh ! retrempe en ce jour,
Tes muscles fatigués, mon pauvre troubadour !

Paris, 1840.

A M. PAUL DELAROCHE.

SUR UNE FRESQUE.

Gloire, gloire, triomphe, illustre capitole !
Ressuscitez pour Paul vos antiques splendeurs,
Que la myrrhe et l'encens exhalant leurs odeurs
Voltigent sur son front, enivrante auréole.
Faites pleuvoir sur Paul une douche de fleurs.

— Il vient de son vivant, le grand peintre sévère,
Gravir les échelons de la postérité ;
Au Panthéon déjà, son nom que l'on révère,
Fait frissonner l'écho de l'immortalité.

France, France, salue un grand fils dont l'histoire,
Avec respect, un jour, proclamera le nom.
— Paris, tu pourras dire : oh ! j'ai ma part de gloire,
Si Rome a Vatican, Athènes Parthénom.

Au siècle du veau d'or, ô France, ô ma patrie !
Tu pourras démentir tous les bruits odieux

Qui résonnent chez toi : que l'argent, l'industrie
Usurpent la couronne aux arts montés aux cieux.

Le mensonge n'est plus, et le rire ironique
Se déchire les flancs, étouffe en ses sanglots,
En voyant que le ciel, pour nous comme à l'antique,
Verse la poésie et la peinture à flots.

— Quand la poudre du temps sur ta riche parure,
France, voudra couvrir tous tes noms glorieux,
Alors, époussetant ta plus grande peinture,
De Paul tu montreras le nom plus radieux :

Car les siècles viendront, Paris, et tes couronnes,
Tes monuments croulés, en tronçons renversés,
Tes arcs, tes panthéons, tes altières colonnes
Sous la divine main seront pulvérisés ;

Et tout s'éclipsera, tes coupoles, tes dômes...
Mais toujours, aux débris de la grande cité,
Et parmi tous les noms des plus illustres hommes,
Le grand peintre immortel sera toujours cité.

Gloire, gloire, triomphe, illustre capitole !
Ressuscitez pour Paul vos antiques splendeurs,
Que la myrrhe et l'encens exhalant leurs odeurs,
Voltigent sur son front, enivrante auréole.
Faites pleuvoir sur Paul une douche de fleurs,

A MADAME ***.

Ne vous étonnez pas, madame, si souvent
L'œil d'un poète obscur vous contemple en rêvant.

L'abeille, dans les fleurs où le désir la pose,
Boit à tout beau calice : au muguet, à la rose ;
Et vous voyez qu'il faut, pour un rayon de miel,
Butiner aux beautés écloses sous le ciel.

1842.

LE CHANT DU MINEUR.

Lorsque je vois sauter ma mine,
Je te bénis Roger-Bacon,
Dont l'intelligence divine,
Inventa la poudre à canon.

Si dans mes doigts tremble la plume,
Dans ma main la barre a beau jeu !
J'ai bourré... l'amadou s'allume
Et ma mèche anglaise prend feu...

Soudain s'échappe de la terre
Le granit dont vole l'éclat ;

On dirait un coup de tonnerre,
Éclair de Vésuve ou d'Hécla !

Pionnier du progrès du monde,
Partout je taille des chemins.
Dans les rochers, parfois sous l'onde,
Le globe obéit à mes mains.

En attendant que Petin lance
Son beau navire aérien,
Je tâche pour ma belle France
D'être un utile citoyen.

. . . .
. . . .
. . . .
. . . .
. . . . . .

Bientôt douanes et barrières
Au commerce ne font plus peur...
Peuples amis, plus de frontières,
Unissons-nous par la vapeur.

Honneur aux arts, à l'industrie,
Offrons la palme au plus vaillant ;
Soldat, viens servir ta patrie,
Vivre et mourir en travaillant.

Nous mineurs, à cette conquête
Des progrès de l'humanité,
Gais travailleurs, portons en tête
Notre drapeau : Fraternité!

Lorsque je vois sauter ma mine,
Je te bénis, Roger-Bacon,
Dont l'intelligence divine
Inventa la poudre à canon.

Ligugé, 1854.

AU MEUNIER.

A MON PÈRE.

Travaille, travaille, meunier,
Fais moudre la blanche farine,
Et, que toujours ton plein grenier
Nous préserve de la famine.

Car, c'est du grain, toujours du grain,
O République ! bonne mère,
Que le travail pour chaque humain
Doit faire fleurir sur la terre.

En dépit du malthusien,
Dieu nous dit : « Creusez la nature !
» C'est le seul puits artésien
» D'où jaillira votre pâture. »

Oui, pour nourrir le travailleur
La nature est assez féconde.
— Produisons tous, et jour meilleur
Luit sous le ciel d'un nouveau monde.

Le soleil dorant les moissons,
Promet les blés à pleines granges...
— Plus d'inique impôt des boissons,
Et chacun bénit les vendanges....

— Toi meunier, dans ce grand labeur
Où l'Europe sort de l'enfance,
Donne la main au laboureur,
Et, tous deux, soutenez la France.

Mais, à côté des durs travaux
Qui vont éteindre l'indigence,
Producteurs, soyons tous rivaux
En progrès de l'intelligence.

Vers le progrès marchons sans peur;
Le progrès! c'est le dieu des braves!
Génie humain, air ou vapeur,
Affranchiront les bras esclaves.

Dans nos cœurs la fraternité
Allumant ses plus douces flammes,
Répandra sur l'humanité
Les parfums des plus pures âmes.

Jour de bonheur! ô divin jour!
Le travail chasse la misère....
Plus de haine, vive l'amour,
Et l'Eden fleurira sur terre!...

Liguge, mars 1850.

AUX ROCHERS DE MON VILLAGE.

Mes vieux rochers, gardez-vous souvenance
De votre amant qui vous peignit deux fois;
Oubliez-vous la chaude confidence
Que votre écho répétait à ma voix ?
— Non, je le sais, jamais l'ingratitude
N'a transpiré de vos granits mousseux,
Vierge toujours, dans votre solitude,
Votre front pur se mire dans les cieux.
Et vos pieds verts baignent leur molle mousse
Dans la rivière où l'aulne et le bouleau,
En s'agitant par légère secousse,
Baisent d'amour la surface de l'eau...
— Votre grand cœur par d'immondes reptiles,
Par des hiboux n'est-il point habité?
— J'en fais le vœu : que vos antres fertiles
Pour hôte saint gardent la pureté.
Que papillons, abeilles aux fougères
Posent leur gaze, appendent leur velours;
Que rossignols ou ramiers solitaires
Viennent pleurer, gémir sur leurs amours !
— A vous bonheur, mes petites abbruzzes
Qui n'avez plus votre pauvre Rosa !
Si vous saviez en quel monde de ruses,
L'ambition loin de vous l'exila !...
Un monde impur où l'égoïsme trône,
Ou l'amitié n'est qu'un métal trompeur,
Où l'intrigant usurpe la couronne

Dont le mérite a seul l'épine au cœur.
Paris enfin, où le talent succombe,
Quand il n'a point quelque paillette d'or ;
Paris, grand nid d'où l'aiglon meurt et tombe,
Vers le soleil s'il veut prendre l'essor.
— Ainsi, l'on fut sourd à ta poésie,
Brûlant rapsode, énergique Moreau ;
Quand tu fis vœu d'aller voir ta Voulzie,
Déjà ton luth vibrait près d'un tombeau.
— Et moi, je veux, avant qu'âme chagrine
Quitte légère un corps triste et souffrant,
O mes rochers ! aller sur la colline,
Humer encor le sentier odorant.
— Je vous préviens, lorsque pour le voyage
J'aurai coupé le bâton conducteur,
Si le mot : gloire, en mon pèlerinage,
Est éveillé par votre écho menteur,
Je pleurerai, méchants de l'ironie,
Dont vous narguiez mon esprit abusé.
— Ne venez pas me murmurer : Génie !
Je sourirais à ce mot vide, usé...
— Non, vous, discrets, respectant ma chimère,
Vous n'oserez me bercer d'avenir ;
Vous me direz : reste auprès de ta mère,
Auprès de nous, Dieu pourra t'en bénir ! ! !

Paris, février 1842.

A MADAME ***

Sous le bonnet coquet qu'ornent des rubans bleus,
    S'échappent vos cheveux soyeux,
Et sous votre front blanc, où la fraîcheur repose,
J'aime un touffu sourcil où perce un œil ardent;
Mais je préfère encor votre bouche de rose
Qui me ferait mourir si j'étais votre amant.

Paris, 1840.

A MADAME ***

Cœur aimant dont la fibre
    Si tendre, toujours vibre
        Pour le malheur !
A vous, belle enfant d'Eve,
A vous, le plus beau rêve !
        A vous bonheur !
Puisse, sur votre couche,
Effleurer votre bouche
        L'ange d'amour !
Qu'il éloigne l'étude,
    Avec la solitude,

Cruel vautour !
Et que toujours il mette
La tête d'un poète
Sur vos genoux.
Lorsque vient la nuit noire,
De l'amour sachez boire
Le miel si doux.
Quand votre corps repose,
Craignez le pli de Rose
De Sybaris ;
Et sur votre ottomane,
O ma brune sultane !
Vivent les Ris.

LE DERNIER BANQUER DES GIRONDINS.

A M. ALPHONSE LAMARTINE.

Que de fois j'ai brûlé d'inscrire au répertoire
Quelque fait imposant de la moderne histoire.
                        BARTHÉLEMY.

Ils firent en commun un dernier repas, où
ils furent tour à tour gais, sérieux et
éloquents.   THIERS.

Ce repas triomphal ou funèbre leur fut fourni
par Bailleul.   LAMARTINE.

En allant picorer dans les fertiles plaines,
J'osai, glaneur obscur, dans tes riches domaines

Tenter depuis un mois de prendre mon essor.
— Pour ravir à ta gerbe un grain, un épi d'or,
J'explorais les sillons de ta vaste Gironde :
Puisant à tes trésors, la palette féconde
Entreprenait de peindre un banquet immortel,
Communion suprême à ce dernier autel
Où Vergniaud présidait, d'une oratoire flamme
Expliquant aux vingt-un la question de l'âme !..,
Déjà, sombre reflet de ton vivant tableau,
S'inspirait à ta source un timide pinceau :
— A travers les barreaux du cachot, une étoile
Descendait en tremblant sur un pan de la toile,
Arrosant de l'azur de ses divins rayons
Ces martyrs de génie aux poétiques fronts ;
Et, comme allégorie, ou céleste symbole,
Faisait pâlir la lampe et dardait l'auréole...
Valazé trop pressé d'oublier ses malheurs,
Reposait tout drapé sous un linceul de fleurs ;
Et Lehardy, la main sur sa froide poitrine,
Implorait du Très-Haut la clémence divine ;
Mais, Fauchet plus fervent s'écriait à Genlis :
« Dieu l'a déjà reçu pur et blanc comme un lys ! »
Pour jeter un contraste aux groupes funéraires,
Duprat, Boyer, Ducos, trio de jeunes frères,
Et Mainvielle narguaient leur sort avec gaîté.
Insensés ! ils buvaient à l'immortalité !
Ou, comme les héros de l'antique Bellone,
Tressaient avant la mort l'odorante couronne,
Afin de présenter au sacrificateur
La victime exhalant une suave odeur.
— Non loin d'eux, solennel, isolé de la fête,
Lassource burinait la sentence où, prophète

Vergniaud avait crié : « Montagnards triomphants,
Vous serez dévorés par vos propres enfants ! »
— Ici, Brissot marquait ses dernières pensées
Du sceptique Carra quelquefois offensées ;
Des exilés chéris prévoyant l'avenir,
Il donnait une larme au cruel souvenir.
— Là, si jeune et si beau Duchâtel à la vie
Murmurait ce regret : « Être sitôt ravie ! !... »
Caressant tour à tour de la lèvre et des yeux,
Un médaillon chéri, des boucles de cheveux.
— Gardien rêvait encor d'une mémoire amère
Son beau Poitou natal et sa sœur et sa mère ;
— Boileau, lâche apostat, était abandonné.
On voyait attentifs Duperré, Gensonné :
Puis, planant sur eux tous, ô sublime agonie !
Vergniaud sonnait pour glas la cloche du génie.
Sa suprême volée éclatant en tout cœur
Faisait germer la foi du croyant orateur.

. . . .

— Eh bien ! riche et tout fort de l'historique thème,
Je peignais : tout à coup, ô douloureux problème !
L'autre soir sur ton œuvre agitant le grelot,
On vanta son succès dans le club Ancelot.
Chacun avait goûté le suc et l'ambroisie
De tes parfums versés en flots de poésie.
— Mais, survint un critique aux envieux dédains,
Qui nia le banquet des vingt-deux Girondins ;
A l'entendre : Nodier, ce conteur si facile,
Aurait tout inventé ; car selon ce Zoïle,
Bailleul n'aurait jamais d'un fraternel repas
Célébré ses amis la veille du trépas.

Ce beau trait rappelant une divine cène,
N'offrirait qu'un attrait de poétique scène
Germée un jour de veine au front d'un grand auteur,
Sans avoir sanction au réel Moniteur ?
—N'importe, il est si vrai sous ta lyrique plume
Que le flambeau des arts à ton récit s'allume !
Aussi, quand la fatigue, en ce rude projet,
Viendra jeter le trouble au cœur de mon sujet ;
Quand de l'enthousiasme oubliant la baguette,
A la peine, au labeur je courberai la tête,
Soudain, ouvrant ton livre et voyant tes portraits,
Je reprendrai courage à copier leurs traits !
— Puissé-je moissonner aux champs où je butine,
Je chanterai merci, merci, grand Lamartine !...

11 août 1847

AUX JEUNES PEINTRES.

L'art est encor debout.
VICTOR HUGO.

— Amis, soyez heureux et couronnez vos têtes
Des lauriers mérités par vos jeunes palettes.
Puisque sur son pavois la gloire vous a pris,
Glanez, glanez toujours des succès à Paris.
Vos suaves talents inspirés de l'Attique
Évoqueront pour nous tous l'idéal antique.
— Vous, Gérome, Picou couple au cœur fraternel,

Qui cultivez la forme au sourire éternel,
Ainsi que vous Gobert, Hamon, pinceaux de flamme,
Qui dorez vos tableaux des rayons de votre âme,
Entretenez le feu du céleste encensoir
Qu'alluma pour le beau sur sa barque, le soir,
Gleyre enfant d'Italie et nourri d'ambroisie,
qu'Herculanum, Pompeïe aux flots de poésie
Ont vu souvent errer, le front et l'œil rêveurs,
Écartant de la main sous les cendres, les fleurs,
Le lierre et les lichens afin de pouvoir lire
Quelque grand bas-relief qui fit vibrer sa lyre.

. . . .

Et vous, que la nature au splendide soleil
Enivra tout enfans de son prisme vermeil
Coloristes chéris, émules des Couture,
Des Diaz, des Delacroix maîtres de la peinture;
Courage chers Leray, Vastine et vous Tabart,
Vos pinceaux généreux illustreront notre art.
Les tons sortant du cœur cette ardente fournaise,
De l'éclatant Rubens, du tendre Véronèze,
Du puissant Titien, du grave Tintoret
Retrouveront le moule et le brûlant creuset.
La Flandres, la Hollande et Venise et Florence
Donneront leurs reflets aux écoles de France.

. . . .

— Travaillez donc amis, régénerez nos mœurs,
Embellissez la vie, apaisez ses douleurs:
Dieu fit la poésie et l'art fleurs éternelles
Pour verser aux humains leurs odeurs immortelles.

Ligugé, 1852.

9

DEUX IMPRESSIONS A L'ÉGLISE.

Une de ces beautés qu'entre mille on rencontre ,
Frais mirage qui glisse aux yeux du pèlerin.

HÉGÉSYPPE MOREAU.

Si belle , qu'un cœur mort s'épanouit auprès...

(Id.)

La noblesse ne consiste pas à afficher
des airs nobles, mais bien à s'occuper
de nobles idées et de nobles actions.

Mme SOPHIE GAY.

— Elle était belle et fière , et l'aristrocratie
D'une vive étincelle allumait son œil noir.
— Moi pourtant ! qui mourrais pour la démocratie ,
Soudain , le cœur ému , je sentis à la voir
Trembler d'un doux frisson le clavier de mon âme.
— un rayon de soleil m'échauffant de sa flamme
Transfigura le type en sévère idéal ;
Et l'art républicain sculpta son piédestal.
— Or, c'était à l'Église , où le chant , la musique ,
Le clergé , les prélats , la pompe catholique ,
Flattaient l'œil et l'oreille en concerts triomphants :
L'évêque confirmait de tout petits enfants ;
Et , pendant que la foule écoutait dans l'ivresse ,
J'invoquai le vrai Dieu pour la jeune déesse :
« Oh ! chasse de son cœur l'orgueil et la fierté,
» Pour y faire germer la sainte liberté :
» Du Christ consolateur, ah ! verse dans ses veines

» L'humble sang, et l'horreur de toutes choses vaines.
» — Donne-lui les trésors de la fraternité...
» — Comme une femme élue en notre humanité,
» Prêtresse du progrès, qu'elle soit un symbole ;
» Et, sur son chaste front fais darder l'auréole ! »

. . . .
. . . .

— Je rêvais : tout à coup, un modèle nouveau
Vint poser à côté de mon premier tableau.
C'était une quêteuse à blonde chevelure,
Type insolent et beau qu'eût choisi la peinture,
Pour rendre une amazone aux instincts belliqueux,
Aimant courre le cerf, devancer les piqueux....
— Cruel anachronisme ! on l'eût, au moyen âge,
Vu chevaucher avec ses varlets et son page.
— Eh bien ! dit-on, souvent, souvent, hélas ! encor,
On la voit chasseresse ivre du son du cor,
En tête des limiers, reine de vénerie,
Sur un cheval fumant voler avec furie,
Courir sus à la bête, et, plongeant dans ses flancs
La dague jusqu'au poing, rougir ses beaux doigts blancs.
— Allez ; allez, passez, quêteuse châtelaine,
Le cœur s'apitoyant sent un frisson de peine !
— Vous, si belle pourtant ! pourquoi tant de dédain ?
Et pourquoi, sans respect pour notre genre humain,

. . . .
. . . .
. . . .

Ah ! plutôt, désarmons cette haine éternelle,
Fondons avec amour une paix fraternelle,
Pratiquons le saint dogme écrit par nos aïeux;
Aimons la République aux soleil radieux !...

. . . .

. . . .

— Ainsi tu voyageais, pauvre muse oublieuse,
Et, lorsque tu perdis la hautaine quêteuse,
Ton œil patriotique au long regard d'azur
Obliqua ses rayons vers l'ange au front si pur !
— Mais tu te pris de doute, et ta vaine prière
S'éteignit à l'aspect de sa beauté si fière...
— Puis, tu quittas l'église, et, sans haine et sans fiel,
Tu rêvas d'avenir, l'œil tendu vers le ciel !...

Liguge, mars 1851.

A MADAME D.....

Pardon encor, Ketty, de vous importuner
De mon vers saule en pleurs baigné dans sa souffrance.
J'avais pourtant promis de garder le silence ;
Mais Alcyon mourant chante... et, pour me donner
Le loisir de l'oiseau, ma romance qui pleure,
Échappe à mon gosier souffreteux instrument.
Trop heureux, en mes chants, après ma dernière heure,
Si se mirait un jour un maladif amant.
Mais, poète ignoré, si ce bonheur m'arrive,
Je n'en jouirai pas..... les débris de mon luth
Voleront en éclats, et sur la sombre rive,
Encor damné peut-être, enfourchant Belzébuth,
J'irai voir le vallon de larmes où Virgile

Promène son ami Dante le Florentin ;
Qu'envoya Béatrix sur cette glauque argile
Où suintent les pleurs..... — Tel sera mon destin.

. . . .

Avant de commencer le Dantesque voyage,
Permettez-moi, Ketty, de revoir Chatterton.

. . . .

. . . .

Je l'ai vu, j'ai pleuré, reconnaissant l'image
Que Geffroi nous dépeint avec un brûlant ton.
Et vous dirai-je à vous, la Ketty de mon âme,
Que vous avez rompu mes sanglots comprimés ;
Tant le Dieu qui pétrit d'amour un cœur de femme,
Vous apprit ce dictame : Ange, pleurez, aimez.
— Hélas ! à tous les yeux j'épiais quelques larmes ;
Le brutal auditoire était sourd à vos pleurs.
— A quoi bon la tristesse ? il ne connaît de charmes
Qu'au grivois vaudeville ennemi des douleurs.
Loin de plaindre un talent qui tombe d'indigence,
— « Tant pis, dit le gourmand, au ventre digérant,
» Pour ces petit rimeurs à quoi bon l'indulgence ;
» Ils peuvent comme nous amasser de l'argent. »
Aussi, souvent voulut ma candeur ingénue,
Comme votre héros lacérer en lambeaux
Mes vers fruits de la veille, et lancer à la nue
L'essence de mon cœur, vouant aux infernaux
Egoïsme et matière. — Oh ! chassons la tristesse,
Je me dis plus souvent : « Enfant, sois courageux,
Lâche est celui qui tombe. » Et l'ardeur qui me presse
Est l'aiguillon de gloire au poète des cieux.

. . . .

. . . .

— Oui, mon front bravera les vents et la tempête,
Et votre souvenir soutiendra le poète...

SPERANZA.

A MADAME D...

Encor dans mon beau ciel une nouvelle étoile,
Mais sa lueur à peine à mon œil se dévoile...
Car Newton nous l'apprit : avant donc de briller
L'astre doit loin de nous faiblement scintiller.
— Patience ! bientôt la divine lumière
De son feu chatoyant désille la paupière...
Et je le vois d'ici, mon astre radieux
De son filon pourpré va percer à mes yeux.
— Oh ! quand à son foyer se chauffera mon âme,
Enfant reconnaissant je bénirai sa flamme.

DOUTE.

Ah ! pourquoi vers le temple un instinct d'habitude
Me fait-il rechercher la sainte solitude ?
— J'interroge de Dieu l'impénétrable loi ;
Mon âme frémit-elle au baiser de la foi ?
L'œil avide attaché sur tout divin emblème,
Aurais-je résolu l'insoluble problème ?
Et, tel le nautonnier tout près de naufrager,
Voit le mât pour salut quand viendra le danger,

Ainsi, moi je voudrais dans ma barque qui sombre
Voguer, entrer au port frais de verdure et d'ombre
Où, l'heureux matelot étendu mollement,
Trouve dans le sommeil un doux délassement,
Et, loin d'être effrayé de la vague en furie,
Foule en ses rêves d'or le sol de la patrie.
Il arrive au foyer, sa tendre épouse en pleur,
D'ivresse et de plaisir, le presse sur son cœur.

.   .   .   .

.   .   .   .

— Mais, je demande en vain un filon de lumière,
J'interroge le temple et son parvis de pierre...
— Où donc est de la foi l'asile désiré?
Espoir de mon salut, Paris t'a dévoré.
Ah! je le sens, je dois porter sur cette terre
Le trait de la raison décoché par Voltaire.
— Et vous, répondez-moi, voûtes, pieux autel,
Auprès de vous, ici, dois-je espérer le ciel?
Répondez donc enfin, gothique architecture,
Colonnade fluette, et naïve sculpture?
Oh! que me dites-vous, bas-reliefs de l'enfer,
Que me veut ce vampire, enfant de Lucifer?
Vampire de ces morts en dévorant les crânes,
Que me dis-tu? réponds, dis pourquoi tu ricannes!
— « Ah! je ris, jeune fou, de ton espoir, enfant,
» De croire vers la foi marcher en triomphant;
» Mais le doute en riant te dévore, poëte,
» Comme ma dent se plait à ronger cette tête. »

.   .   .   .

Paris, 1841.

LE CHEVALIER DE LA MORT.

A ALBRECHT DURER.

Que j'aime à traverser les bois,
Lorsque descend une nuit sombre,
Lorsqu'il vous semble ouïr des voix
Murmurant et parlant dans l'ombre.

Alors, ô mon maître Durer !
Le souvenir de ta palette,
Comme un coup de tam-tam d'enfer,
Frissonne et vibre dans ma tête.

J'aperçois ton noir chevalier
Atteint d'une sombre folie,
Chevauchant tout près du hallier,
Le cœur plein de mélancolie.

Comme un blanc vautour, le remords
Fouille à plein bec dans sa pauvre âme.
C'est Prométhée, et mille morts
Etouffent son génie en flamme.

Ah ! c'est toi, vieux peintre pensif.
Le noir cheval, c'est ton génie.
Au fourré du houx et de l'if
Il s'enfonce et fuit l'agonie.

Je vois toujours à ton coté

L'armure et la lance inquiète

. . . .

Ah! tu veux, mon peintre poète,
Reconquérir ta liberté!...

Ligugé, 1851.

PRÈS D'UNE TOMBE.

Enfant, j'avais rêvé le bonheur sur la terre,
Quand j'allais rêver dans les prés.....

. . . .

Mais le bonheur n'est pas même auprès de ma mère,
D'Henriette et d'Alfred, mes anges adorés!..

. . . .

Ligugé, 1848.

PÉCHÉS DE JEUNESSE.

On dira, qu'à plaisir, d'une muse impudique
J'écourte trop souvent la flottante tunique,
Que mon vers mis à nu, sans vergogne et sans frein,
Livre d'un cœur aimant la joie et le chagrin.
Qu'il ne faut pas si haut ouvrir sur cette terre
Son âme en ses replis et dans son sanctuaire,

Qu'au secret tabernacle, ainsi qu'un sacrement,
On doit l'ensevelir jusqu'au bleu firmament.
— Eh! que m'importe à moi l'hypocrite mystère?
J'ignore l'art menteur de cacher ou de taire;
Je confesse tout haut sans scrupule et sans fard,
Sans craindre de blesser l'oreille du cafard.
— Or, lecteur, va, pardonne aux péchés de jeunesse
Dont mon franc Apollon vient d'exhaler l'ivresse,
Et, pour meâ culpâ, chassant la vanité,
Je veux à l'avenir, pour la fraternité,
Inspirer mes pinceaux et retremper ma plume
Au foyer généreux où toute âme s'allume,
Au cœur de la patrie, ardent de puberté,
Je veux puiser l'amour, l'honneur, la liberté.

1851.

TABLE.

FIN DE LA TABLE.

www.ingramcontent.com/pod-product-compliance
Lightning Source LLC
Chambersburg PA
CBHW072118090426
42739CB00012B/3008